特教学校

感觉统合训练教学指导手册

主　　编　邹冬梅　杜增敏　刘稀凤

副 主 编　闫晓健　薛　颖　王　琳

编　　者　邹冬梅　杜增敏　刘稀凤

闫晓健　薛　颖　王　琳

李　红　杨　玲　孙　琪

陈　宇　杨　露　范娟娟

王仲怡　刘　欣　赵有君

孙佳峰　张　娜　姜亚男

史立伟　陈　思　姜梦姣

辽宁师范大学出版社

·大连·

图书在版编目（CIP）数据

特教学校感觉统合训练教学指导手册 / 邹冬梅，杜增敏，刘稀凤主编. —大连：辽宁师范大学出版社，2016.7（2021.12重印）
ISBN 978-7-5652-2051-7

Ⅰ. ①特… Ⅱ. ①邹… ②杜… ③刘… Ⅲ. ①感觉统合失调—训练—儿童教育—特殊教育 Ⅳ. ①G76

中国版本图书馆CIP数据核字(2016)第196514号

Tejiao Xuexiao Ganjue Tonghe Xunlian Jiaoxue Zhidao Shouce
特教学校感觉统合训练教学指导手册

出 版 人：王　星
责任编辑：孙晓艳　孙　琳
责任校对：刘臣臣
封面设计：周佰惠

出 版 者：辽宁师范大学出版社
地　　址：大连市黄河路850号
网　　址：http://www.lnnup.net
http://www.press.lnnu.edu.cn
邮　　编：116029
营销电话：（0411）84206854　84215261　82159912（教材）
印 刷 者：大连图腾彩色印刷有限公司
发 行 者：辽宁师范大学出版社

幅面尺寸：185mm × 260mm
印　　张：13.5
字　　数：216千字

出版时间：2016年7月第1版
印刷时间：2021年12月第7次印刷
书　　号：ISBN 978-7-5652-2051-7

定　　价：48.00元

序

今天的特殊教育学校正在努力实践“医教结合、综合康复”新理念，越来越多的康复技术为特殊儿童的发展提供了更好、更快的发展空间。与此同时，它们又对特殊教育教师的专业发展提出了一个又一个新的课题，教育教学也不断面临新的机遇与挑战。怎样让我们的康复训练技术切实有效地发挥潜能开发和补偿作用，这种基于课堂的具有实际操作价值的研究显得更有意义。

近几年，作为康复干预技术之一的儿童感觉统合训练在各类特殊教育学校中被广泛应用，但是在学校教学训练中存在着教师不知道为什么训练、训练什么、怎样训练等诸多问题。普遍状况表现为：一是在特殊教育领域普遍存在设施设备玩具化，未能充分发挥感觉统合训练设施的功能。各类特教机构虽配备了相关设备，但是教师及相关人员缺乏感觉统合训练的专业知识，将设备作为学生娱乐和休闲的活动设备，学生使用设备的频率及实际的训练强度都比较低，且活动形式非常局限。二是从业人员少、专业化水平不高。学校教育机构中真正系统地接受感觉统合理论及训练技术培训的专业人员非常少，这是制约感觉统合训练发展的关键因素。针对此种情况，我们邀请具有一定理论基础并兼具一线教学经验的教师把多年的康复训练方法和案例等进行总结、提炼，编写了《特教学校感觉统合训练教学指导手册》一书，供广大教师在教学过程中依据学生的实际需求，有针对性地选择和使用。

本书的编写目的在于让特教学校教师能够了解感觉统合训练，指导教师运用感觉统合训练的专业器械对学生进行有针对性的训练。本手册主要包括两部分，第一篇为基础理论；第二篇为教学实践，该篇是本手册的重点部分。通过一个个鲜活真实的案例，从器材的选择到教学设计等维度对儿童视觉、听觉、嗅觉、味觉、触觉、本体感觉、前庭感觉进行训练，可供教师在教育训练中借鉴使用。这些来自于基层专业教师的真实教学案例为感觉统合训练提供了操作的范例，在此要感谢大连市沙河口区启智学校教学团队的日夜辛苦工作！

在编写过程中，参考借鉴了国内外大量文献资料，由于时间仓促，未能悉数列举，在此向所有被引用的文献作者致敬。

鉴于编者水平有限，本书编写过程中若存在疏漏和不足，恳请广大专家和教师进行批评指正。

邹冬梅

辽宁省基础教育教研培训中心

2016年6月

目 录

第一篇　基础理论篇：感觉统合问题概述

一、感觉统合失调的种类与表现

感觉统合失调是指个体的某一感觉系统、感觉系统之间、感觉系统与运动系统之间等的信息组织和整合不协调，导致信息统合过程发生异常，出现对刺激的不敏感或过分敏感、行为顾此失彼等现象。

简单地说，感觉统合的神经系统的不同部分不能协调整体运作，感觉统合过程无法正常运转时，就会引起感觉统合失调，表现为运动、学习、社交、情绪、语言和注意力等方面的缺陷，多发于五六岁至十一二岁的儿童。

有研究表明，在 3~13 岁的儿童中，有 10%~30% 的儿童存在不同程度的好动、分心、任性、暴躁、拖拉等现象。这些往往不是一般的教育所能解释的问题，而是儿童大脑发育过程中某些功能不协调所致。

感觉统合失调可分为视觉、听觉、触觉、前庭平衡觉和本体觉统合失调五大类。其中，前庭觉主要指大肌肉及平衡，包括身体的大运动能力与身体的平衡性；触觉主要指触觉的过分防御与过度迟钝；本体觉主要指身体的协调能力、自我控制能力以及精细动作等方面。

儿童感觉统合失调在临床上的表现主要有：①视听语言障碍。儿童眼球运动困难，手眼协调性差；在阅读时盯不住字行，粗心大意，经常将文字、数字、偏旁部首看错；注意力不集中，答非所问等。②前庭觉及身体运动协调障碍。儿童转圈时不会晕或害怕旋转；动作笨拙不协调，跳绳、骑自行车困难；写字时手势忽轻忽重，字体大小不一； 身体平衡困难，会经常无故摔倒，不会走直线等。③性格、情感障碍。胆小、自卑、任性，爱哭爱闹，不合群，害怕去尝试新鲜的事物，甚至攻击性行为较多；无法适当地表达自己的情感体验，内心冷漠偏执、害羞孤独，与人的交流常常产生沟通障碍；意志力薄弱，情绪不稳，性情急躁。④触觉防御障碍，主要为触觉的过分防御与过度迟钝。讨厌被别人触摸；不敢爬高，害怕旋转；对高度的恐惧迟钝，转圈不会晕；缺乏味觉（如极端偏食或暴饮暴食）；对痛的感觉也较少（ 如咬指头） 等；有的儿童甚至有自虐的现象。⑤认知障碍。感觉统合失调的儿童在进行具体的认知过程中往往会表现出一些明显的障碍，他们的知觉、动作统合能力也明显比正常儿童差，计算时常进错位、对空间距离知觉不准确，左右分辨不清，外出不记路，易迷路。

感觉统合失调不局限于身体不健康的孩子。很多人误解感觉统合训练是针对问题儿童的矫治，这是不正确的。教育专家蒙台梭利认为“在生命中最重要的 0~12 岁，所有感觉统合游戏对孩子成长都是有益的，可以帮助他们打下良好的基础，对其今后学习能力的发展起着重要作用”。所以说 12 岁以下的儿童都应参加感觉统合训练。

二、感觉统合失调的诊断与评估

（一）感觉统合失调的观察诊断

感觉统合失调症的诊断与评估可以通过日常行为进行观察和测评。判断儿童感觉统合是否失调可以采用父母报告、日常行为的观察和临床工作者对儿童的各种自然情境中的行为表现观察等进行综合考查。

1. 对感觉刺激的反应。主要观察孩子的视觉、听觉、触觉、前庭觉等感觉受到刺激时的反应，如：对物体形状、位置以及方位的辨别能力，手眼协调能力，空间知觉能力等；对声音大小、方向、距离的判断能力；与别人有肢体接触时的反应；在沿直线行走时、剧烈旋转摇晃时和身体倾斜时的反应等。

2. 反射与运动行为。孩子在运动中所做出的一些平衡性动作与对身体控制能力的把握，包括姿势反射、平衡感、身体两侧的协调能力、优势手等，非动态项目中的手眼协调能力的灵活性以及其精细动作的精确度等，通过这些运动可以观察孩子的感觉统合是否失调。

3. 日常生活学习能力。日常生活中，通过观察孩子的是否表现出任性、孤僻等性格，在学习中注意力的持久性如何，是否多动，在课堂上是否容易走神等现象，以及生活自理方面、人际关系是否良好、主观意识的强弱等都可以判断孩子是否有感觉统合失调。

（二）感觉统合失调的专业工具评估

1. 儿童感觉统合能力发展评定量表。

2. 儿童发展量表。目前，临床上儿童发展量表很多，涉及的内容主要有动作（粗大动作、精细动作）、言语语言、认知、沟通交流等方面。

3. 评估人员借助专门设备或有关标准对儿童的发展情况进行直接检查或测评的评估手段，主要有感觉统合能力评定、知觉—动作测验、感觉统合失调临床评估、视觉—动作统合发展测验、前庭及小脑功能测评等。

4. 儿童感觉统合发展检核表及原始分与T分转换表

附1：检核表

儿童感觉统合发展检核表

编号:

填 表 人: __________ 与学生的关系 : __________ 联系电话: ______________

学生姓名: __________ 性别: 男☐ 女☐ 出生____年___月___日 年龄: 足___岁___月

学校名称:________________ 班级:____ 年____ 班 填表日期:______ 年____月_____日

学生生理发展与学习或情绪有密切关系, 要提高教学或辅导的成效, 必先了解学生生理发育状况, 因此我们设计了下面的问卷, 请家长根据平时对孩子的观察正确填写。

【请家长口述学生近半年来（和以前有过, 现在消失）的学习障碍和情绪困扰问题内容】

没有该方面问题 ☐

有问题, 问题如下:

1. 　　　　4.

2. 　　　　5.

3. 　　　　6.

学生最近的成绩：语文____数学_____社会_____自然_____

对下面问题的回答方法:

按照“从不”[1] 、”很少”[2] 、”有时候”[3] 、”常常”[4] 、”总是”[5] 等感觉, 把学生近半年来（和以前有过, 现在消失）的下述项目, 在相应数字上圈选。

（学生若未到该题所指的年龄，请不要圈选那题） （题中情况若只呈部分现象, 而非全部的，请在部分情况下划线）	从不	很少	有时侯	常常	总是
1. 儿童特别爱玩旋转圆凳、公园中旋转的球或飞转设施，且不感觉头晕 -----	1	2	3	4	5
2. 儿童看起来正常，健康，有正常智慧，但学习阅读或做算术特别困难 -----	1	2	3	4	5
3. 眼看得见，但经常碰撞桌椅、杯子或旁人，方向和距离的估计不准确 -----	1	2	3	4	5
4. 手舞足蹈，吃饭、写字、打鼓等双手或双脚的配合不良，常忘了另一边---	1	2	3	4	5
5. 表面上左撇子、左右手都用，或尚没固定偏好使用哪只手--------------	1	2	3	4	5
6. 大动作笨拙，容易跌跤，不会伸手保护自己；拉他时显得笨重，手握得紧	1	2	3	4	5
7. 没时间仔细考虑时，分不清左右手或方位；一再把鞋子或衣服穿反-------	1	2	3	4	5
8. 阅读常跳行和跳字；抄写常漏字漏行或漏整段；写字时左右上下写反 -----	1	2	3	4	5
9. 俯卧时全身很软，无法把头、颈、胸抬离地面 ----------------------	1	2	3	4	5
10. 常爬上爬下、跑进跑出不停，不听劝阻，或把大人的处罚很快忘光-------	1	2	3	4	5
11. 走路、跑、跳时常碰撞东西；不善投球传球给同伴；排队和游戏有困难---	1	2	3	4	5
12. 容易分心、不专心、坐着动个不停或上课左顾右盼--------------------	1	2	3	4	5
13. 偏食或挑食：不吃水果、肉类、蛋；只吃白饭、牛奶、肉等 -----------	1	2	3	4	5
14. 害羞：碰到陌生人急忙躲避、紧张、皱眉头、结巴说不出话------------	1	2	3	4	5
15. 看电视、电影时，高兴时又叫又跳，或很易受感动；恐怖场面不敢看-----	1	2	3	4	5
16. 很怕黑暗，到暗处需有人陪，晚上总拒绝出去，不喜欢到空屋子---------	1	2	3	4	5
17. 换床睡不着，换枕头或被巾会睡不好，外出总是担心睡眠的问题---------	1	2	3	4	5

（续前）

(学生若未到该题所指的年龄，请不要圈选那题)

(题中情况若只呈部分现象，而非全部的，请在部分情况下划线)

	从不	很少	有时候	常常	总是
18. 如被人用棉棒清洁鼻子和耳朵时，往往感到不舒服	1	2	3	4	5
19. 喜欢往亲人的身上倚靠或搂抱，常被认为是被宠坏或被溺爱的孩子	1	2	3	4	5
20. 睡觉时总爱触摸被角，抱棉被、衣物或玩具，否则会不安，也睡不好	1	2	3	4	5
21. 脾气不好，对亲人特别暴躁，对琐事或无故发脾气，或强词夺理	1	2	3	4	5
22. 到新的场合或人多的地方不久，就待不下而跑掉，或要求离开	1	2	3	4	5
23. 患病轻微，病后曾多次表示不喜欢上学，或以各种理由拒绝上学	1	2	3	4	5
24. 常吮舔手指或咬指甲，不喜欢别人帮剪指甲	1	2	3	4	5
25. 不喜欢脸被碰，认为洗脸、洗头或理发是最痛苦的事	1	2	3	4	5
26. 帮他拉袖口和袜子，或协助穿衣服而碰到其皮肤时，会引起苦恼	1	2	3	4	5
27. 游戏中或玩玩具时，总担心别人从后面威胁他而引起苦恼	1	2	3	4	5
28. 到处碰、触、摸个不停，却又回避碰触特殊毛毯、织造玩具的表面	1	2	3	4	5
29. 常常喜欢穿宽松的长袖衬衫，虽不冷也常穿毛线衫、夹克等	1	2	3	4	5
30. 虽爱聊天，但很不喜欢跟朋友搭肩或有肌肤接触	1	2	3	4	5
31. 对某类布料很敏感，不喜欢穿某类布料所做的衣服	1	2	3	4	5
32. 对自己的事务很敏感，很容易伤感，计划或结果改变时不能容忍	1	2	3	4	5
33. 无所谓的淤伤、小肿块、小刀伤等，总感觉很痛而诉怨不止	1	2	3	4	5
34. 顽固、偏执，又不合作，学习没有伸缩性，一直坚持自己的习惯方式	1	2	3	4	5
35. 到上幼儿园年龄时尚不会洗手、剪纸或厕后自己擦屁股	1	2	3	4	5
36. 到上幼儿园年龄不会使用筷子，或一直坚持用汤匙吃饭；不会拿笔	1	2	3	4	5
37. 到上幼儿园年龄不会玩需要骑上、爬上或钻进去玩的大型玩具	1	2	3	4	5
38. 到上幼儿园年龄时还不会站起来用脚荡秋千，不会攀绳网或爬竹竿	1	2	3	4	5
39. 穿脱袜子、衣服、扣纽扣、系鞋带等动作向来非常慢，或做不来	1	2	3	4	5
40. 入学后尚不会完全自己洗澡；单脚跳、跳绳子等动作做不好，也学不来	1	2	3	4	5
41. 入学后对拿笔写字、剪折作业、涂颜色等做不好或非常慢	1	2	3	4	5
42. 到入学年龄还经常弄脏饭桌，很难收拾杂乱的桌面或玩具	1	2	3	4	5
43. 劳动或做家务很笨拙，使用工具很不顺手	1	2	3	4	5
44. 动作懒散，行动迟缓或不积极；做事非常没有效率	1	2	3	4	5
45. 常惹事，如弄翻碗盆、溅洒牛奶、从三轮车上跌落等，需家长特别保护	1	2	3	4	5
46. 在年幼时，玩积木总比别人差	1	2	3	4	5
47. 外出或远行常到达不了目的地，很易迷失方向，且不喜欢到陌生的地方	1	2	3	4	5
48. 用蜡笔着色和铅笔写字都做不好，比别人学得慢，常超出线或方格之外	1	2	3	4	5
49. 拼图总比别人差；对模型或图样的异同识别常有困难	1	2	3	4	5
50. 不会走迷宫，或在游戏中很难找出隐藏在混淆背景图形中的动物	1	2	3	4	5
51. 个性内向，不喜欢出去玩，朋友少，沉默寡言，喜欢独处	1	2	3	4	5
52. 上下楼梯或过路旁栏杆多迟疑，登高会觉得头重脚轻，不敢看或不敢走动	1	2	3	4	5
53. 被抱起举高时，很焦虑地要把脚碰地，经可信赖人的牵助才会安心配合	1	2	3	4	5
54. 总设法避免从高处跳到低处；在高处或有跌落危险时，表现非常害怕	1	2	3	4	5
55. 不喜欢把头倒置，如避免翻跟斗、打滚或室内打斗游戏等活动	1	2	3	4	5
56. 对游戏设施不感兴趣，也不喜欢活动性玩具	1	2	3	4	5
57. 对不寻常移动（如上下车、前座移到后座、走不平地面等）动作缓慢	1	2	3	4	5
58. 上下楼梯很慢，紧紧抓着拦杆；尽量避免攀登	1	2	3	4	5
59. 旋转时，很容易感到失去平衡；车行进中，转弯太快也会吓坏自己	1	2	3	4	5
60. 在凸起的平地上走时，总会抱怨或内心感到不愉快	1	2	3	4	5
61. 成绩“最近”迅速下降，神情恍惚，读书很易分心，另有情绪及行为问题	1	2	3	4	5
62. 脾气“最近”变得暴躁，自我控制有困难，打架、谩骂等恶劣行为加剧	1	2	3	4	5
63. 对老师的要求或功课、环境等压力，常承受不了，而易产生挫折感	1	2	3	4	5
64. 对自己的形象感觉不良，认为自己很差劲，往往有情绪和行为问题	1	2	3	4	5

<下列项目请家长或老师独立评估>

文科学业学习能力：	（ ）学业优秀	（ ）学业跟得上	（ ）稍微跟不上	（ ）显著跟不上
数理学业学习能力：	（ ）学业优秀	（ ）学业跟得上	（ ）稍微跟不上	（ ）显著跟不上
工具玩具操作能力：	（ ）很灵巧	（ ）技巧能力尚可	（ ）稍微迟钝	（ ）显著迟钝
儿童社会人际关系：	（ ）关系优良	（ ）关系尚佳	（ ）关系稍差	（ ）关系恶劣
好动分心或专心度：	（ ）很专注	（ ）专心度尚可	（ ）稍微好动分心	（ ）显著好动分心
语言流利程度：	（ ）语言流利	（ ）讲话尚可	（ ）口齿不清	（ ）显著语言障碍
情绪稳定或暴躁：	（ ）特别稳定	（ ）平常情绪起伏	（ ）比较暴躁冲动	（ ）显著暴躁冲动
情绪稳定或忧郁：	（ ）特别稳定	（ ）平常情绪起伏	（ ）比较焦虑忧郁	（ ）显著焦虑忧郁

以上完成后，请检核是否有空项或遗漏，谢谢合作！

附 2：原始分与 T 分转换表

原始分与T分转换表

表（一）1~11		表（二）12~20		表（三）21~34		表（四）35~45	
前庭和双脑分化失常		脑神经生理抑制困难		触觉防御和脾气敏感		发育期运用障碍	
原始分数	T分数	原始分数	T分数	原始分数	T分数	原始分数	T分数
11	70	9	73	14	70	11	65
12	64	10	69	15	65	12	59
13	60	11	67	16	63	13	57
14	57	12	64	17	61	14	55
15	54	13	62	18	59	15	53
16	52	14	60	19	57	16	51
17	49	15	58	20	55	17	49
18	47	16	55	21	53	18	47
19	45	17	53	22	51	19	45
20	43	18	51	23	50	20	44
21	41	19	49	24	48	21	42
22	39	20	48	25	47	22	40
23	37	21	46	26	45	23	39
24	36	22	44	27	44	24	38
25	34	23	42	28	42	25	36
26	32	24	40	29	41	26	35
27	31	25	39	30	40	27	34
28	29	26	37	31	38	28	33
29	28	27	36	32	37	29	32
30	27	28	34	33	36	30	31
31	26	29	32	34	34	31	29
32	25	30	30	35	33	32	28
33	25	31	28	36	32	33	28
34	23	32	26	37	31	34	26
35	20	33	25	38	29	35	25
38	16	34	23	39	28	36	24
		35	22	40	26	37	23
		36	20	41	26	38	22
		38	16	42	25	39	21
				43	24	40	20
				44	22	43	16
				47	21		
				51	20		
				52	16		

（续前）

原始分与T分转换表

表（五）46~50		表（六）51~60		表（七）61~62		表（八）63~64	
空间形态视、感觉失常		重力不安全症失常		心绪自我形象不良		最近头晕和行为、成绩变坏	
原始分数	T分数	原始分数	T分数	原始分数	T分数	原始分数	T分数
5	61	10	64	2	57	2	57
6	54	11	59	3	49	3	48
7	50	12	56	4	44	4	43
8	48	13	54	5	38	5	38
9	45	14	52	6	33	6	33
10	41	15	51	7	29	7	28
11	38	16	49	8	25	8	25
12	35	17	48	9	22	9	20
13	32	18	46	10	20	10	16
14	30	19	45				
15	27	20	43				
16	25	21	42				
17	23	22	40				
18	22	23	38				
19	20	24	37				
20	16	25	35				
		26	34				
		27	33				
		28	32				
		29	30				
		31	29				
		32	26				
		33	25				
		34	23				
		36	22				
		40	16				

说明：1~60 项得分为 T 值。T 值 ≤ 30 属于严重失常，30 ＜ T 值 ≤ 40 属于轻度失常，T 值＞ 40 属于常态范围。

三、感觉统合训练概述

（一）概念

感觉统合训练是 1972 年由美国南加州大学爱尔思博士提出的，于 20 世纪 70 年代后期完成其方法体系。

感觉统合训练又称感觉统合治疗、感觉统合游戏，是指为提高个体感觉统合能力、减少感觉统合失调对个体生活、学习的负面影响而开展的有计划的训练活动。它是基于儿童的神经系统需要，引导他们对感觉刺激进行适当反应的训练。此训练提供前庭（重力与运动）、本体感觉（肌肉与感觉）及触觉等刺激的全身运动，其目的不在于增强运动技能，而在于改善脑处理感觉资讯与组织并构成感觉资讯的方法。

（二）目的

感觉统合训练在美国、日本等国家已成为教育的一项重要内容，其教育目的是：

1. 有规律地刺激儿童感觉信息接收器官，引导儿童抑制和调节感觉信息，提供本体感觉等各种刺激信息，帮助调节和开发中枢神经系统整合功能。

2. 提高儿童调节感觉信息的能力，克服感觉信息接收和处理方面的问题，最终改善平衡功能和运动稳定性，挖掘儿童潜能。

3. 培养儿童社会情绪及认知的发展以及生活自理能力的提高，让儿童拥有完美、快乐的幸福生活。

4. 消除感统障碍或由感统失调导致的注意力不集中等问题，有助于儿童对感觉刺激做出适应性反应，进而提升儿童的综合能力。

（三）训练对象

感觉统合训练在临床应用的年龄范围是 4~12 岁，尤其是 4~7 岁的阶段，每次训练约一个半小时。但是对于特殊教育学校的学生来说，因为在学前阶段家长对这方面的重视不够，所以根据儿童的障碍程度，可以调整每次训练的强度，延长训练年限。

感觉统合训练作为儿童问题干预的技术之一，多用于解决儿童如下方面的问题：

1. 视觉、听觉、前庭觉及本体感觉某一或某几方面存在异常。

2. 经常出现类似的异常行为，或有自伤行为，或有频发的自我刺激行为。

3. 完成动作有困难。

4. 喜欢独处，与同伴一起游戏或沟通存在困难。

5. 害怕别人触摸或喜欢别人触摸。

6. 喜欢爬高，旋转时不觉得眩晕；害怕爬高或害怕眩晕。

7. 语言发育迟缓、姿势别扭、动作不协调。

8. 注意力存在缺陷，多动或易冲动，出现学习困难。

在实际训练过程中，儿童可能呈现上述问题的一个或几个方面。一般来说，较为严重的感觉统合失调儿童会同时表现出多个方面的问题。

（四）训练内容

感觉统合训练主要可分为触觉、前庭平衡及运动感觉等项目的训练，介绍以下几种：

1. 触觉训练。触觉训练旨在强化皮肤、大小肌肉关节神经感应，辨识感觉层次，调整大脑感觉神经的灵敏度。

适应症：爱哭、胆小、易于情绪化、害怕陌生人或陌生的环境、笨手笨脚、怕人触摸、发音不正确、偏食、挑食、注意力差、自闭以及体弱多病等。

训练器材：按摩球、波波池以及平衡触觉板等。

2. 前庭平衡训练。前庭平衡训练旨在调整前庭信息及平衡神经系统自动反应机能，促进语言组织神经健全，提高前庭平衡及视听能力完整程度。

适应症：身体灵活度不足、姿势不正、双侧协调不佳、多动、语言发展迟缓、视觉空间不佳、阅读困难、自信心不足、注意力不集中、容易跌倒、方向感不明以及学习能力和习惯培养不起来。

训练器材：圆筒、平衡踩踏车、按摩大龙球、滑梯、平衡台、晃动独木桥、袋鼠袋以及圆形滑车等。

3. 弹跳训练。弹跳训练旨在调整固有平衡和前庭平衡感觉神经系统，强化触觉神经和关节感受信息，促进左右脑健全发展。

适应症：站坐姿势不正、身体灵活度不够、多动、注意力不集中、语言发展迟缓、阅读困难、胆小、笨手笨脚、视觉判断不良、触觉发展不佳以及关节信息接收不足。

训练器材：羊角球和蹦床等。

4. 固有平衡训练。固有平衡训练旨在调整脊髓中枢神经核对地心引力感受的协调能力，强化中耳平衡体系，协调全身神经技能，奠定大脑发展基础。

适应症：多动不安、容易跌倒、脾气急躁、语言发展不佳、缺乏组织能力及推理能力、双侧协调不良、手脚不灵活以及自信心不足。

训练器材：独脚椅、大陀螺、脚步器以及竖抱筒等。

5. 本体感训练。本体感训练旨在强化固有平衡、触觉、大小肌肉双侧协调，增强身体运动能力，促进左右脑均衡发展。

适应症：语言能力发展迟缓、笨手笨脚、注意力不集中、多动不安、情绪化等。

训练器材：跳床、平衡木、晃动独木桥、滑板、S形垂直平衡木、S形水平平衡木以及圆形平衡板等。

四、感觉统合训练基本原则

（一）快乐体验原则：训练中要让儿童感到快乐，而不是压力。

（二）儿童主体原则：训练中儿童是主角，家庭起诱导带教的作用。

（三）注重刺激原则：要尊重儿童对感觉刺激的需要和选择，通过控制环境给儿童以适当的感觉刺激，从而改善其感觉统合能力，使儿童能做出适应性反应，不要单纯教孩子如何做。

（四）积极反馈原则：训练过程中，给孩子以积极的反馈，边训练边了解孩子对训练项目的感受，加强亲子沟通。

（五）共同分享原则：对孩子的态度要重鼓励、奖赏，避训斥、体罚，多表扬、少批评，并与家长分享孩子成功的喜悦。

（六）适度与安全原则：在执行训练过程中，可根据孩子的具体情况（体能、技能、兴趣、注意力等）做适当调整。掌握各项目动作要领，注意安全，避免伤害事故。

（七）及时评估原则：根据儿童的问题特点确定具体的训练内容，在训练前后，要对儿童的感觉统合失调的类型和程度进行评估，根据具体情况制订和调整相应的训练课程。

（八）坚持性原则：感觉统合训练是根据儿童的失调程度按疗程来调整的，所以必须有耐心，要坚持训练。

五、感觉统合训练注意事项

感觉统合训练是为了使儿童充分感知各种刺激，在大脑进行感觉的统合，并做出适应性反应。因此，感觉统合训练的本质是采取游戏的形式，让孩子乐于接受、主动参与。同时，游戏的项目是个别化、有针对性的设计。3~7岁儿童活动的主导形式是游戏，因此感觉统合训练因势利导，以游戏来引导儿童积极参与训练，激发儿童对训练项目的兴趣，在游戏中能促使儿童坚持活动。同时，游戏能调动儿童各种感觉活动的兴奋、协调、整合。感觉统合训练不是刻板单调地教导儿童活动，而是生动活泼、符合儿童生理和心理发展水平的游戏训练。但是，只是随意游戏并不能达到矫治儿童学习、情绪和行为等方面问题的目的，不能促发大脑的各种感觉充分有效整合。因此，感觉统合训练项目还是由具有丰富经验和专业知识的医生或治疗师针对儿童的个别、特殊性发展状况设计的。各年龄段儿童在生理、心理发展上各具鲜明特征，即使同年龄儿童发展也会不平衡，具有其独特的特点。特别是那些有着心理行为问题的儿童更有其各自的特殊性。感觉统合训练针对各个儿童自身的特点，结合专业知识和经验，选择和设计特定环境项目，让孩子与特定的环境交互作用，从而刺激其感觉统合能力的发育。因此，感觉统合训练是科学、系统、有针对性和个别化的。

（一）让儿童主动体验游戏、玩乐，而不是被动的训练。儿童的任何学习都必须以自动自发为原则才能真正有效。因此，切实了解孩子在感觉统合基础上的问题，再设计孩子可以尽力去玩的游戏，使孩子的身体和大脑间的反应及协调能力能够顺利发展。训练中应让孩子体验游戏、玩乐，只有让孩子在游戏中充分感到快乐，孩子才会更愿意参与活动，才会将训练进行下去，训练的目的才能达到。游戏并不是让孩子自由玩耍，而是有计划地指导，但也不是刻意要求孩子做那些无法做到的动作或技巧。设计的游戏活动若让孩子感到挫折、害怕或痛苦，孩子则会拒绝训练，甚至产生自卑感。因此，游戏设计与感觉体系相关，是孩子容易或稍微努力就可以做到且愿意去做的动作，以培养身体活动的基础能力。孩子能自发、自动、全力去做，对于发展其原本不足的感觉统合能力具有重要的作用。

（二）用耐心培养孩子的兴趣，建立孩子的自信心。感觉统合指导最重要的是培养孩子想去做的兴趣。这可从环境设施和指导者素质两个方面考虑。环境设施，如游戏场所的布置要丰富多彩、活泼有趣，而且要适合孩子的年龄、性别特点，使孩子乐于参加。玩具色彩鲜艳，生动形象，能激发孩子玩的兴趣。而指导者应有丰富的专业知识和经验，懂得孩子的心理，能因势利导，更重要的应具有诚挚的爱心和耐心，能引导孩子对训练产生兴趣，用游戏将这些不佳的感觉反应进行有效的组织，诱导孩子积极参加游戏活动。

孩子在游戏中不断地取得小的成功，引发了孩子探索的兴趣。如果孩子出现情绪上的焦虑和紧张，教师要细心观察，及时调整游戏的难度或使用鼓励的话语——“你能行”“试试看”来有效地化解。通过指导和训练活动，孩子的感觉信息和统合能力会逐步成熟，身体各部位的协调日益顺畅，处理复杂问题的能力不断增进。孩子逐步认知自己能力的成长，对自己会越来越有信心。随着自信心的增强，孩子的情绪稳定，性格也显得较完整，相应的人际关系发展日益健全，这又促进了孩子的信心和进一步探索的兴趣。在这样的良性循环下，孩子的大脑潜能才能不断得以挖掘，就像孩子的身高潜力在良好的营养和运动的推动下得以逐步发挥。

（三）以儿童为主，尊重儿童对活动的选择。每个儿童都会有自己的兴趣、爱好，在训练中可能有的孩子对安排的活动兴趣不大，而对这之外的活动表现出较强的兴趣，那么我们不能强迫孩子进行训练，而应尊重他们的兴趣和选择，给孩子自由选择项目的权利，根据他们的自然活动，调动他们活动训练的积极性，从自选活动过渡到规定活动，或自选活动与规定活动穿插进行，以此调动他们参与和坚持训练的兴趣。

（四）训练内容因人而异。孩子感觉统合能力的发展是不平衡的，感统合失调严重程度不一样，失调的类型不同，因此感觉统合训练的内容应根据每个孩子的特点进行编排，设计的活动应具有一定的针对性。这样才能改善孩子的感觉统合能力，促进大脑的发育。因此，根据孩子的年龄和失调的特点进行感觉统合训练显得十分重要。

感觉统合训练不仅是对参与训练对象在神经系统、身体机能的内部统合，也是训练对象自身与外部环境的统合。因此在训练中，训练的实施者不仅要考虑训练对象的身体特点、发育阶段、现存的特殊需要，同时也要关注训练项目实施过程中训练对象的参与程度，训练项目目标与内容设计的合理性，训练项目内在的阶段联系性以及训练过程中训练者与外界环境的整合程度，并辅以恰当的感觉统合训练手段和方法，如此才能做好感觉统合训练。

第二篇　教学实践篇：感觉统合项目设计

一、感觉统合训练项目实施概述

本部分主要介绍感觉统合训练项目，即训练人员徒手或借助器械对训练对象进行有针对性的训练。感觉统合的主要训练领域有触觉功能训练、前庭觉功能训练、本体感觉功能训练和综合训练。不同训练领域会涉及不同的训练项目、训练器械、训练时的操作要领。但人体作为一个神经、肌肉、骨骼统一协调运作的个体，在训练过程中，不能绝对地将各个领域分割开，每个领域内多数训练项目的完成需要儿童各个身体器官、功能的参与，具有一定的统整性，不存在纯粹的触觉功能训练、前庭觉功能训练或本体感觉功能训练，只是各个领域训练的侧重点不同。在感觉统合训练中，相同或相似的训练项目可以实现多种感觉系统的功能训练，如在滚筒项目的训练中，如果训练人员小幅度推动滚筒，以左右摆动或适应性滚动为训练目标，那么这就是以触觉功能为主的训练；若训练人员进行滚筒的自然减速或正加速度训练，快速启停，往复折返等训练，这就是以前庭功能为主的训练。因此，训练人员根据学生的情况，确定训练器械和训练时主要刺激的属性是准确完成感觉统合训练的关键。

目前，我们看到的关于感觉统合训练的书籍大多从训练领域分类介绍，系统性、理论性比较强，但在特殊教育学校中，教师更希望根据最直观的器械和学生的情况，即时开展感觉统合训练。在本篇中，介绍感觉统合专业器械如何应用于感觉统合训练，共分两部分。第一部分介绍单一器械单一功能训练和单一器械多种功能训练，单一器械单一功能是使用一种专业器械，着重训练学生某一领域的能力；而单一器械多种功能则是运用一种器械，利用不同的训练方法，训练学生两个或两个以上领域的能力。第二部分为综合训练，本篇中出现的均为感觉统合训练中较经典的训练器械，即通过多种器械对学生多个领域能力的训练。

本篇课程范例编写体例依据每一种器材，确定训练名称、训练目标、适应对象、训练重点、训练器材、训练过程、拓展训练以及安全注意事项。感觉统合教师可根据器材对特殊学生进行基础的感觉统合训练。在拓展训练部分，我们也给予了如何拓展应用器材的建议。在安全注意事项部分，详细阐述了使用该项器械进行训练时可能会发生的安全问题，需要各位教师加以注意。

二、单一器械项目设计

（一）跳床训练

单一功能训练项目

项目名称： 蹦床

训练目标： 1. 增强前庭平衡功能，培养平衡感。

2. 提高身体协调能力，稳定学生情绪。

适应对象： 有多动症、自闭症，触觉敏感、身体协调不良的学生。

训练重点： 1. 促进前庭统合，培养平衡感。

2. 加强学生对重力感的掌握。

训练器材： 蹦床

训练流程：

1. 热身活动：袋鼠蹦蹦跳。

2. 被动训练：我跳你弹，学生坐在蹦床中间区域，教师双脚跨在学生躯体两侧，上下踩荡床面，学生被动随床震荡。（见图 2–1–1）

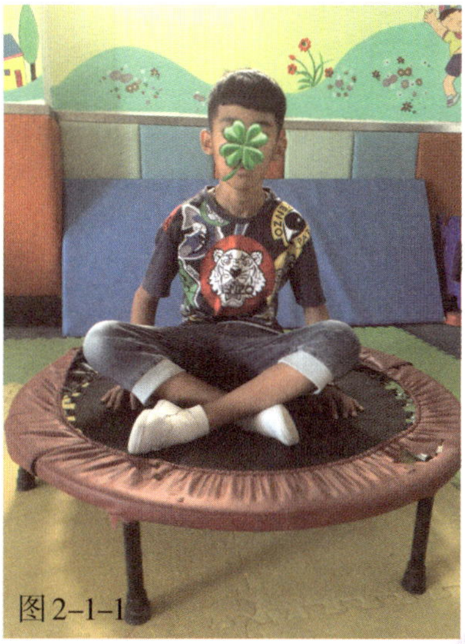
图 2–1–1

3. 主动训练

（1）学生站立在蹦床中心，全蹲用力起跳，下落后再呈全蹲状。（见图 2–1–2）

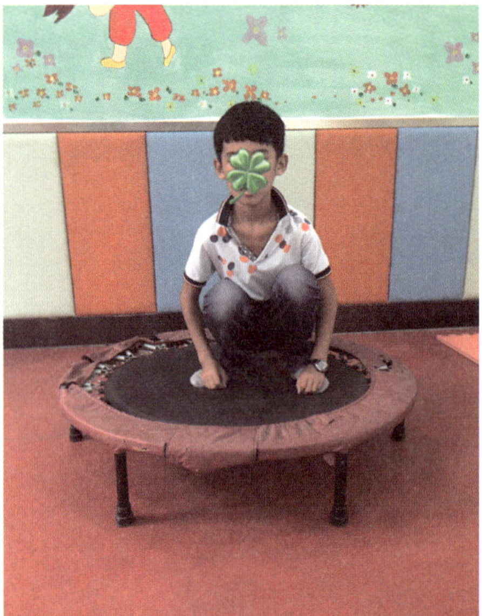

图 2–1–2

（2）学生听从教师指令，在蹦起时，手臂平举。（见图 2–1–3）

图 2–1–3

（3）学生听从教师指令，在蹦起时，双手举过头顶。（见图 2-1-4）

图 2-1-4

（4）学生听从教师指令，在蹦到最高点时，两手击掌。（见图 2-1-5）

图 2-1-5

（5）学生在跳蹦床时，边跳边与教师进行抛接球。（见图 2-1-6）

图 2-1-6

拓展训练：

1. 可以要求学生在跳起的时候，身体在空中旋转。

2. 两名学生交替跳起，一人跳起，一人蹲下，交替进行。

3. 两名学生同时屈膝屈腰起跳，步调一致，在空中时，相互拍手。

4. 两名学生同时屈膝屈腰起跳，步调一致，彼此进行抛接球游戏。

安全事项：

1. 开始，学生会恐惧蹦床，教师可以用手牵着学生一点一点由低到高起跳。

2. 在蹦床周边布置保护设施，避免学生蹦起时因高度过高而出现危险。

综合功能训练项目

项目名称：蹦床

训练目标：通过跳床训练，纠正学生跳床姿势，使学生上身尽量保持直立，双脚起跳，注意保持平衡态势，以强化对学生前庭的刺激，抑制过敏信息，促进前庭感觉的统合，培养平衡感，矫治重力不安，增强协调能力。

适应对象：有多动症、自闭症，触觉敏感、身体协调不良的学生。

训练重点：1. 促进前庭统合，培养平衡感。

2. 加强学生对重力感的掌握。

训练器材：蹦床

训练流程：

1. 热身活动

活动手腕，四个八拍。双手十指交叉，做波浪滚动。

活动肩膀，四个八拍。双手扶肩，向前转，向后转。

活动腰部，四个八拍。顺时针转，逆时针转。

活动膝盖，四个八拍。顺时针转，逆时针转。

活动脚腕，左、右脚各四个八拍。顺时针转，逆时针转。

2. 儿歌《我爱蹦蹦跳》

蹦蹦跳呀蹦蹦跳，小白兔爱蹦蹦跳。

蹦蹦跳呀蹦蹦跳，小青蛙爱蹦蹦跳。

“同学们，我们来学小白兔，比比看谁跳得更高。”

伸出双手的食指和中指，放在头两侧，当小白兔的耳朵，腿部弯曲下蹲，双脚同时发力向前跳。

“谁来学学小青蛙是怎样跳的？”

双手背后，腿部弯曲下蹲，双脚同时发力，向前跳。

3. 站在蹦床上跳

“这是蹦床，请同学们站在蹦床上，双手握住扶手，尝试在蹦床上跳一跳。松开手，站在蹦床上跳一跳。伸出食指和中指，放在头两侧，像小白兔一样蹦一蹦。”

4. 蹲在蹦床上跳

“请同学们蹲在蹦床上，向上蹦一蹦。”

“把手背在后面，像小青蛙一样，蹲下来蹦一蹦。”

5. 按指令跳跃

“请同学们自己练习在蹦床上蹦一蹦。”

“请同学们一边在蹦床上蹦，一边模仿老师的动作。”

举手：双手在两侧平举、双手向前平举、双手向上举起。

拍手：在胸前拍手、在头上拍手、拍手三次、拍手五次。

摸一摸：摸耳朵、摸鼻子、摸嘴巴、摸头发、摸眉毛。

单腿跳：抬起左脚、抬起右脚。

同时进行两个动作：左手摸鼻子，右手举起来；抬起左脚，拍手。

连续多个动作：拍手—摸鼻子—拍手。

学生跳跃时，可以配合律动音乐或唱歌，协助其逐步增加跳跃次数。

例如：学生按指令跳 100 次，休息 3 分钟。播放歌曲《小苹果》，伴随着强烈的节奏，在蹦床上跳完一整首曲子，约 300 次。

拓展训练：

1. 仰卧或俯卧蹦床

若蹦床足够大，可以让学生仰卧或俯卧在蹦床上，教师在旁边用力跳，带动学生身体向上弹跃。

2. 跳跃转体

在跳跃时做 90 度或 180 度转体。

3. 跳跃投篮

让学生在蹦床上一边跳跃，一边将手中的球投入指定的篮子内。篮子也可以挂在高处，让学生跳跃时投球入篮。（见图 2–1–7）

图 2–1–7

4. 打气球

在蹦床的上方悬挂一个气球，让学生每次跳起时击打目标。

5. 双人协做

让两名学生面对面、手拉手站在蹦床上一起跳跃，或共同拉着一个小呼啦圈一起跳跃，从而训练与对方协调运动的能力，通过

图 2–1–8

跳动中的眼球对视，增强视觉的稳定性。（见图 2-1-8）

安全事项：

1. 若学生恐惧，可以背着学生一起在蹦床上跳跃。

2. 蹦床周围最好布置安全网。

3. 使用蹦床时学生需握住扶手，在熟练掌握后再松开。

（二）大陀螺

单一功能训练项目

项目名称：不倒翁——大陀螺

训练目标：教师转动陀螺，学生可以自由接收信息的刺激，对前庭感觉的输入和调整帮助很大，有助于平衡和姿势的发展。

适应对象：有自闭症、多动症，身体协调不良的学生。

训练重点：调节前庭感觉的输入和整合。

训练器材：大陀螺

训练流程：

1. 热身：《小花狗》。

我是一只小花狗，（双手交叉抱肩）

天天蹲在大门口，（继续上面的动作并蹲下）

竖起耳朵站起身，（双手五指并拢，指尖向上放在耳朵上做小狗的耳朵，慢慢起身）

翘起尾巴点点头。（双手背后交叉重叠，弯腰，臀部翘起，然后点头）

此套动作要做两遍。

2. 感知大陀螺

学生用手触摸大陀螺，教师提问，让学生联想大陀螺像什么。学生可能会联想到陀螺，教师告知学生这项器材是大陀螺。让学生自己想一想，大陀螺有几种玩法。学生可以想到像旋转陀螺一样旋转大陀螺，还会想坐到大陀螺里面等。不同能力水平的学生，可能会有不同的想法，通过联想促进学生想象力的发展，开发智力。（见图 2-2-1）

图 2-2-1

3. 被动训练

学生坐在陀螺转盘中，双手紧紧抓住陀螺或陀螺边缘，闭上双眼。教师转动陀螺，速度约为每两秒钟回转一次。

图 2-2-2

学生睁开双眼，教师旋转大陀螺。（见图 2-2-2）

4. 主动训练

学生熟悉陀螺旋转后，可坐在大陀螺中自己摇晃。（见图 2–2–3）

图 2–2–3

拓展训练：回转过程中可将左回转和右回转交错，穿插中断，来观察孩子各阶段的反应情形。

安全事项：

1. 旋转速度不宜太快，要由慢到快，逐渐加大训练强度。

2. 此过程要注意学生是否出现头晕目眩现象，如出现要马上停止。

3. 此游戏刚开始时每次旋转 10~20 次，再慢慢增加到每次 50~70 次。

综合功能训练项目

项目名称：大陀螺

训练目标：通过各种形式的全身旋转游戏，增强学生的前庭—视觉、四肢协调以及运动企划的能力。

教师帮助学生坐在大陀螺内，协助用力让大陀螺旋转起来，让学生体会不同的平衡感和重力感。

适应对象：前庭觉不足、平衡觉不足、身体协调不良、有多动症及有孤独症倾向的学生。

训练重点：1. 调整前庭固有感觉。

2. 形成良好自我视觉及视觉空间。

3. 增强学生四肢的协调性。

训练器材：大陀螺

训练流程：

1. 热身活动：大风吹

现场所有学生手牵手围成一个大圈，教师站在圈内开始喊口令："大风吹，吹大风，吹穿白色衣服的（从学生身上找特征）……"，所有学生围着教师转动，听到"吹穿白色衣服的"，穿白色衣服的学生须立刻进行位置互换，其他学生位置不动。（动作反复或者站错的学生都将受到"惩罚"，现场表演节目）

游戏意义：一是吸引学生兴趣，提高注意力；二是训练学生的反应能力； 三是通过热身活动，可以活络筋骨。

2. 儿歌《小陀螺》

圆圆的小陀螺，活泼又快乐，

踮起脚尖转呀转呀，就像那花儿一朵朵。

跌倒了爬起来，困难算什么！

踮起脚尖转呀转呀，勇敢的小陀螺。

踮起脚尖转呀转呀，勇敢的小陀螺。

儿歌能够激发学生的学习兴趣，调动学生的学习热情。

3. 坐着或跪着旋转大陀螺

（1）教师辅助训练：教师旋转大陀螺

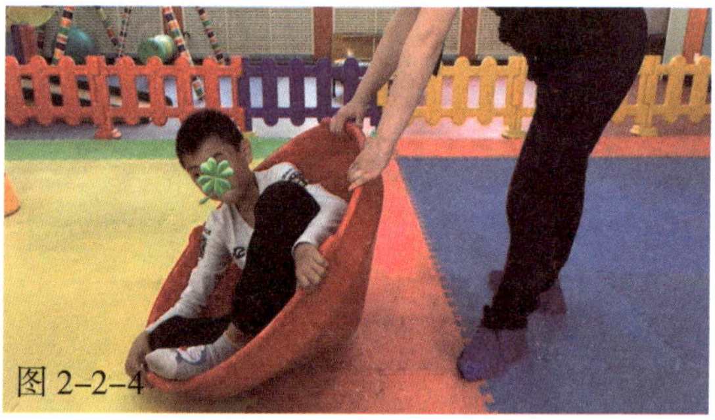
图 2-2-4

教师辅助学生盘腿坐在大陀螺中，学生两手握紧大陀螺边缘，教师在外面旋转大陀螺，速度不宜太快，要注意学生的反应，速度约为每两秒钟回转一次。回转方向可先左，稍作停顿后向右，也可连续左回转或右回转。回转后学生完全不眩晕，或眼振时间很短，甚至完全没有的，表示前庭系统严重迟钝。

（见图 2-2-4）

（2）自主旋转大陀螺

学生自己盘腿坐在大陀螺内，双手紧握陀螺边缘，左右摇晃大陀螺，体会不同的平衡感和重力感。（见图 2-2-5）

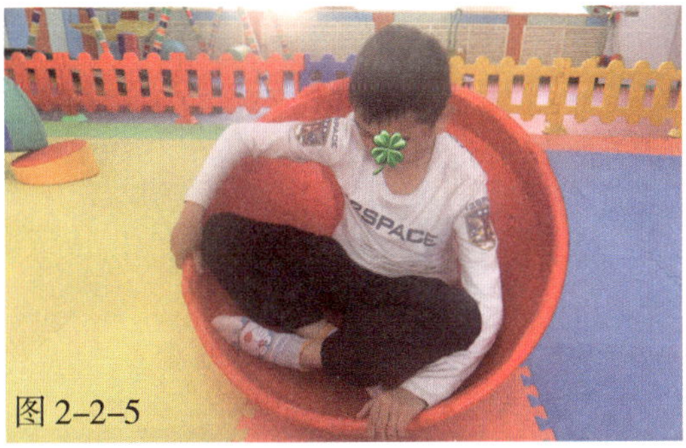

图 2-2-5

4. 大陀螺 + 球

教师辅助学生或学生自己盘腿坐在大陀螺中，教师协助使大陀螺旋转起来。学生一只手紧握大陀螺的边缘，另一只手将手中的球投向固定的容器内。整个过程速度可以由慢逐步加快，但时间不宜太长，最好中间能有休息时间。（见图 2-2-6）

图 2-2-6

拓展训练：

1. 两名学生合作，一起坐在陀螺内协调用力让大陀螺旋转起来。开始时教师可以辅助轻轻晃动，待学生熟悉后，自行旋转陀螺。

2. 学生可以尝试以腹部为重心，睁开眼睛，双手半伸做飞机状。这时平衡能力不易把持，教师要提醒学生不要太用力，要轻轻旋转。在训练过程中，教师要注意学生的安全。

安全事项：教师要注意首次旋转的时间和速度，若学生出现不适，要将旋转速度减慢或停下来。另外，学生若是长发，教师要帮助其束起，以免旋转时压住头发。

（三）滚筒

单一功能训练项目

项目名称：彩虹接龙——滚筒

训练目标：在滚动中，练习手、肘、肩、膝等关节的固有感觉输入，促进学生触觉功能的发展，增强头、手、脚的协调能力。

适应对象：触觉敏感或不足、身体协调不良，有多动症、自闭症的学生。

训练重点：促进学生触觉功能的发展，增强手、肘、肩、膝等关节的固有感觉输入。

训练器材：彩虹接龙系列中的滚筒

训练流程：

1. 热身：《小手小脚》

教师带领学生一起做：

小手小手拍拍，我的小手伸出来。小手小手拍拍，我的小手举起来。

小手小手拍拍，我的小手藏起来。小手小手拍拍，我的小手摸摸脚。

小脚小脚踏踏，我的小脚踮起来。小脚小脚踏踏，我的小脚踢起来。

小脚小脚踏踏，我的小脚跳起来。小脚小脚踏踏，我的小脚踏起来。

2. 感触滚筒

（1）学生抚摸滚筒的外壁，将手伸入滚筒抚摸滚筒的内壁。

（2）学生双脚站在地面上，双手触摸滚筒外壁，向正前方滚动滚筒。（见图 2–3–1）

图 2–3–1

3. 钻入滚筒

引导学生将头钻入滚筒，观察学生是否能自己钻出来。如果学生害怕则教师帮助学生钻出。当学生掌握头先入脚后出爬滚筒的方法后，引导学生试着脚先入，头后出爬出滚筒。（见图 2–3–2）

图 2–3–2

4. 被动训练

学生爬入滚筒内，双手要扶住滚筒边缘，双脚弯曲在滚筒内。教师轻轻转动滚筒，教师观察学生的反应，如果学生出现眩晕或气闷要立刻停止，帮助学生爬出滚筒。教师开始滚动滚筒的速度不要过快，

20 秒一周即可，每次滚动 2~3 周即可。（见图 2–3–3）

5. 主动训练

当学生适应在滚筒内随滚筒一起滚动后，试着自己控制滚筒滚动。

图 2–3–3

拓展训练：

1. 学生爬进滚筒的过程中，可以试着先将脚伸进滚筒，倒爬进滚筒中。

2. 可以在滚筒或隧道中放置毛巾，让学生体验不同触觉刺激下的身体活动。也可以在其中放很多东西，请学生将教师指定的东西拿出来。

安全事项：

1. 旋转的速度要先慢后快，训练强度逐渐加强。

2. 教师随时观察学生的反应，当学生有不舒服表现时，应立刻停止并协助学生出来。

3. 当学生有眩晕或气闷等症状时，教师要让学生先坐下来深呼吸。

综合功能训练项目

项目一：滚筒

项目名称：滚筒

训练目标：进入滚筒时，需要头、手、脚相协调。在滚筒中旋转，可以有较多的感觉刺激，可以同时增强前庭固有感觉和触觉刺激，以及身体颈肌张力反应，对学生本体感的建立、强化身体形象概念有促进作用。

适应对象：触觉敏感或不足、有多动症的学生。

训练重点：趴和站立在滚筒上面的平衡游戏，可以通过强化固有感觉来提高学生对姿势的平衡掌握能力，促进头、手、脚的协调性。

训练器材：滚筒

训练流程：

1. 热身活动

活动手腕，四个八拍。双手十指交叉，做波浪滚动。

活动肩膀，四个八拍。双手扶肩，向前转，向后转。

活动腰部，四个八拍。顺时针转，逆时针转。

活动膝盖，四个八拍。顺时针转，逆时针转。

活动脚腕，左、右脚各四个八拍。顺时针转，逆时针转。

2. 俯卧滚筒

教师让学生俯卧在滚筒上，姿势与俯卧在大龙球上相同，教师扶着学生的脚前后晃动，要求学生努力抬起头、颈部，伸展双臂。

3. 站立平衡游戏

教师将滚筒竖立，让学生自己爬到滚筒上面，两脚分开，伸展双手，保持身体的平衡。让学生寻求多种途径和方法尝试自己站立，教师在一旁注意保护，有困难时适当给予帮助。（见图 2-3-4）

图 2-3-4

图 2-3-5

4. 滚筒隧道游戏

（1）正向爬，头先进。学生从滚筒一端爬进去，从另一端爬出来。

（2）倒着爬，脚先进。学生把脚放在滚筒一端，向后爬，退入滚筒内，继续向后爬，从滚筒另一端退着爬出来。

教师提醒学生注意手、脚和身体相协调。（见图 2-3-5）

5. 筒内滚动游戏

教师让学生爬进筒内，指导其将手指和手臂张开，注意保护头部，同时颈部用力支撑头部，不要把头靠在筒壁上，教师轻轻推动滚筒转动，可来回小幅转动，也可先顺着一个方向慢速转动若干圈后，稍作停顿，再往相反的方向转动若干圈。

图 2–3–6

刚接受这项训练的学生，应让其倒着爬进去，将头部留在开口一端，进行滚动时学生的恐惧感较少，情绪会比较稳定，也容易配合。也可让学生将头伸出筒外，颈部用力抬起头，双手扶着筒壁，教师转动滚筒时，身体逆着滚筒转动的方向进行转动，以保护头部不碰到地上。或由学生自行在筒内转动，从而带动滚筒进行滚动。（见图 2–3–6）

6. 滚筒内摇晃

教师将滚筒口朝上立起来，让学生蹲坐或站立其中，教师扶住筒口进行前后、左右摇晃或进行顺时针、逆时针方向的旋转。

拓展训练：

1. 在滚筒内放置毛巾、地垫、小塑胶颗粒等，让学生在爬进爬出的过程中体会不同触觉刺激下的身体活动。

2. 在滚筒中放置一些积木、小动物玩具等，待学生爬进去后，由教师在筒外发出指令，请学生将指定的物品扔出来或拿在手中爬出来。

安全事项：注意旋转速度不能太快，以免刺激过强，造成学生眩晕、呕吐或拒绝参加活动等。当学生有不舒服的表现时，应马上停止并协助学生从筒内钻出来，饭后一小时内应避免进行此项游戏。

项目二：阳光隧道

项目名称：阳光隧道

训练目标：保持头、手、脚相协调进出洞穴，加强学生肌肤的各项接触刺激，并可调节本体感觉。

适应对象： 触觉敏感或不足、身体协调不良的学生。

训练重点： 1. 学生对自我形象做正确判断。

2. 进入洞穴时头、手、脚相协调。

训练器材： 阳光隧道

训练流程：

1. 热身活动

活动手腕，四个八拍。双手十指交叉，做波浪滚动。

活动肩膀，四个八拍。双手扶肩，向前转，向后转。

活动腰部，四个八拍。顺时针转，逆时针转。

活动膝盖，四个八拍。顺时针转，逆时针转。

活动脚腕，左、右脚各四个八拍。顺时针转，逆时针转。

2. 学生自主探究阳光隧道

教师引导学生观察阳光隧道，想一想都可以怎么玩，让学生自主尝试阳光隧道的玩法：钻、滚、套身上等。

3. 顺着爬入

教师让学生头在前、脚在后，自己设法俯爬进隧道里面，通过隧道再从另一面爬出来。提醒学生注意自己手脚和身体的运用。（见图 2–3–7）

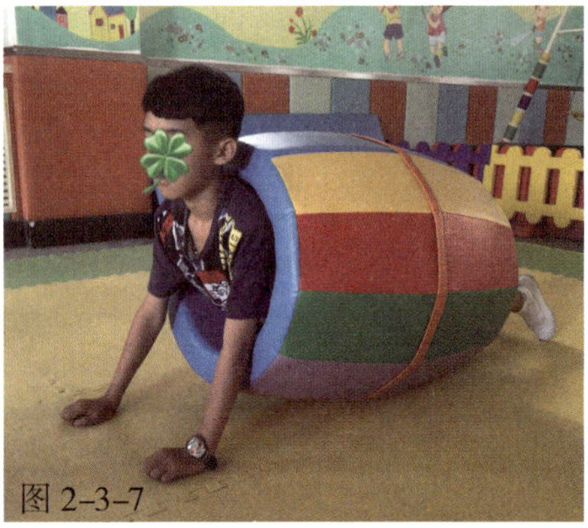

图 2–3–7

4. 倒着爬入

教师让学生采用脚在前、头在后的方式倒着俯爬进去，通过隧道再从另一端爬出来。

5. 爬入取物

教师在隧道内放置各种颜色的海洋球或其他软体物品，要求学生爬进去将指定颜色的海洋球或其他物品取出来。

6. 钻爬隧道

教师在隧道内放置毛巾、积木、海绵垫等，让学生以顺着或倒着的方式从一端爬进，另一端爬出，体验在不同触觉刺激下的身体活动。

7. 跳一跳

学生站立，教师将一节短的阳光隧道套在学生身上，让其双手握住阳光隧道，像袋鼠一样向前跳。

8. 小组游戏：盖房子

教师将学生分成两组进行比赛。学生从起点出发，钻过阳光隧道，跑到对面搬取一块大积木，再往回跑，钻过阳光隧道，回到起点的位置。下一名学生接力出发。两组学生每人取三次大积木。（按学生数量，调整取积木的次数）将取回的大积木放在一起，自由搭建，比一比哪组的房子盖得高，哪组的房子盖得快。

9. 小组游戏：小猫钓鱼

教师将学生分成两组，为每组学生准备一个带磁铁的钓鱼竿和一个小筐。在阳光隧道的另一端准备一个“池塘”，放入带磁铁的小鱼。学生扮演小猫，手持鱼竿，钻过阳光隧道，到对面的“池塘”中钓一条小鱼，提着鱼竿从旁边跑回起点，将钓到的鱼放入小筐中，然后将钓鱼竿传给同组的下一名同学。比赛时放音乐，音乐结束，比赛停止。数一数，哪一组钓到的小鱼多。

拓展训练：当学生在隧道中爬行时，教师可以轻轻转动隧道，让学生在滚动中练习手、肘、肩、膝等关节的固有感觉输入，加强前庭体系的刺激和调整，此时头部的转动对眼肌的成熟也有帮助。

安全事项：放置在阳光隧道中的物品最好是软的，不要放置坚硬或带尖角的物品，以免划伤学生。

（四）颗粒大龙球

单一功能训练项目

项目名称：滚动大龙球

训练目标：在大龙球滚动的压力下，强化身体各部位触觉的同时也可以提高大脑的协调能力，还可以在不断的转动中，建立较好的身体形象。

适应对象：触觉敏感或不足、身体协调不良，有自闭症、多动症的学生。

训练重点：强化触觉作用，辨识感觉层次，调整大脑感觉神经的灵敏度。

训练器材：颗粒大龙球

训练流程：

1. 热身：请你跟我这样做（重复 3 次）

伸出你的小手，拍一拍。

伸出你的小脚，踩一踩。

伸出你的小手，拍一拍。

伸出你的小脚，踢一踢。

2. 儿歌《红黄蓝宝宝之歌》

红红一个圆，太阳在上边，太阳像妈妈，照得宝宝暖；

黄黄一个圆，月亮在上边，月亮像摇篮，宝宝荡秋千；

蓝蓝一个圆，蓝天在上边，蓝天像爸爸，呵护宝宝甜。

有了红黄蓝，有了艳阳天，我爱红黄蓝，爱在我心田。

哪里有太阳，哪有红黄蓝；哪里有蓝天，哪有红黄蓝。

我爱红黄蓝，爱它到永远，我爱红黄蓝，爱它到永远。

3. 学生趴卧在地上，教师将大龙球放在其背部，慢慢做前后左右的滚动。（见图 2-4-1）

图 2-4-1

4. 学生趴卧在地上，教师将大龙球放在其背部，慢慢在中间做轻轻压挤。（见图 2–4–2）

图 2–4–2

5. 学生仰躺在地上，教师将大龙球放在其胸前，慢慢做前后左右的滚动。（见图 2–4–3）

图 2–4–3

6. 学生仰躺在地上，教师将大龙球放在其腹部，慢慢在中间做轻轻压挤。（见图 2–4–4）

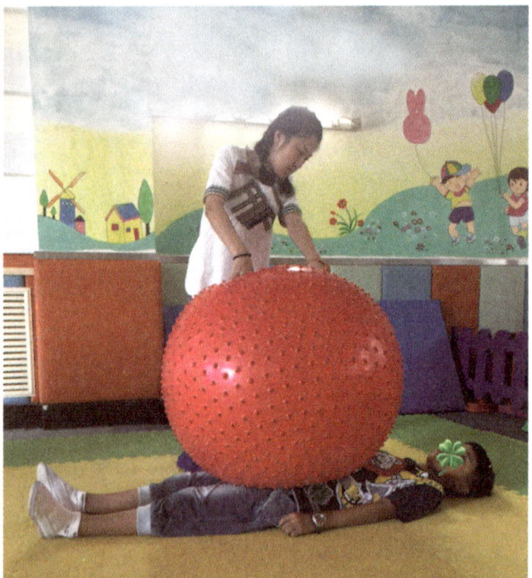
图 2–4–4

拓展训练：

1. 可以在学生的身上加上毛巾，减轻大龙球对学生身体的刺激。

2. 大龙球的气体可以先充一半，再慢慢增加球内的气体，这种增加的压力会让学生感觉到重力的变化。

安全事项：

1. 教师在将大龙球放到学生身上滚动时，要避免压到学生的头部。

2. 教师在将大龙球放到学生身上滚动时，一定要注意力度，不要用力过猛，以免伤害到学生。

综合功能训练项目

项目名称：颗粒大龙球

训练目标：通过滚压、仰卧、俯卧、坐大龙球以及在大龙球上俯卧抓物等游戏增强学生的触觉，锻炼身体协调性。帮助学生在大龙球上掌握平衡，让学生体验各方向动作和速度的变化。

适应对象：触觉敏感或不足、身体协调不良，有多动症、自闭症的学生。

训练重点： 1. 增强触觉。

2. 锻炼身体协调性。

训练器材： 颗粒大龙球

训练流程：

1. 热身活动

活动手腕，四个八拍。双手十指交叉，做波浪滚动。

活动肩膀，四个八拍。双手扶肩，向前转，向后转。

活动腰部，四个八拍。顺时针转，逆时针转。

活动膝盖，四个八拍。顺时针转，逆时针转。

活动脚腕，左、右脚各四个八拍。顺时针转，逆时针转。

2. 儿歌《大皮球》

大皮球，圆又圆，拍一拍，跳一跳，拍得轻，跳得低，拍得重，跳得高，我的皮球接住了。

3. 滚压大龙球

教师出示大龙球，让学生们尝试自己找一找大龙球的玩法：拍球、抛球、推球、踢球等。

“老师这里还有一些和大家不同的玩法，谁来试一试？”

请学生趴在地垫上，教师把大龙球放在其背部，用力按压，让学生感受压力的变化。教师让大龙球在学生背部前后左右慢慢滚动，然后在学生的四肢处滚动和按压。

请学生平躺在地垫上，教师用大龙球在学生的腹部和四肢上进行滚动和按压。（见图 2-4-5）

图 2-4-5

4. 俯卧大龙球

学生俯卧在大龙球上，头向上抬，教师抓住并抬起学生双脚脚腕，让学生在大龙球上保持平衡。握住脚腕前后推拉，先慢慢推拉，逐

渐加快速度，再到快慢结合，让学生感受快慢的变化。运动方向可以是前后、左右，也可顺时针、逆时针画圈。（见图 2–4–6）

图 2–4–6

5. 仰卧大龙球

让学生仰卧在大龙球上，教师扶住其腰部或大腿，前后、左右移动，速度由慢到快，再到快慢结合。（见图 2–4–7）

图 2–4–7

6. 坐上大龙球

教师协助学生坐在大龙球上，扶住学生双手或腰部帮其保持平衡，做前后左右摇晃或上下振动。在学生找到平衡后，教师慢慢放手，让其

自己保持平衡。（见图 2-4-8）

图 2-4-8

7. 俯卧大龙球抓东西

学生俯卧在大龙球上，教师将其喜欢的小物品放在滚动时可以伸手够到的地方。教师协助学生前后缓慢滚动，使其能触摸到小物品。学生在移动的过程中伸展手臂去取小物品。（见图 2-4-9）

图 2-4-9

拓展训练：

1. 若学生对触觉非常敏感，教师可以在滚压大龙球拓展训练时在其身上垫条毛巾，减缓触觉刺激，在学生适应后撤掉毛巾，让学生感受触觉的变化。可先将大龙球充一半气，让学生逐步感受重力的变化。

2. 触觉训练也可以用小刺球对身体各部位进行按摩，让小刺球直接接触皮肤，用小刺球在学生皮肤上用力按压。

3. 让学生借助小球自己做俯卧和仰卧的练习。

4. 坐爆气球。

5. 坐在大龙球上抛接、投掷物品。

6. 推球。

7. 在俯卧大龙球抓东西这一环节，可以增加认知训练内容，如图形的认知等。

安全事项：

1. 练习快慢、幅度逐步增加时，注意不要太快，扶住学生保持平衡，以免掉落。

2. 触觉敏感的学生可先对其做小刺球按摩，按摩要有力度。

（五）吊缆组训练设计

单一功能训练项目

项目一：吊床

项目名称：摇篮摇摇

训练目标：为学生营造躺在摇篮上的感觉，对前庭觉输入帮助很大，并可以释放出肌肉的过度紧张。

适应对象：有自闭症、多动症，身体协调不良的学生。

训练重点：强化前庭觉作用，辨识感觉层次，调整大脑感觉神经的灵敏度。

训练器材：吊床

训练流程：

1. 热身：请你跟我这样做（重复 3 次）

伸出你的小手，拍一拍。

伸出你的小脚，踩一踩。

伸出你的小手，拍一拍。

伸出你的小脚，踢一踢。

2. 儿歌《红黄蓝宝宝之歌》

红红一个圆，太阳在上边，太阳像妈妈，照得宝宝暖；

黄黄一个圆，月亮在上边，月亮像摇篮，宝宝荡秋千；

蓝蓝一个圆，蓝天在上边，蓝天像爸爸，呵护宝宝甜。

有了红黄蓝，有了艳阳天，我爱红黄蓝，爱在我心田。

哪里有太阳，哪有红黄蓝；哪里有蓝天，哪有红黄蓝。

我爱红黄蓝，爱它到永远，我爱红黄蓝，爱它到永远。

3. 学生在教师的带领下认识吊床：支架、绳索、帆布床。

4. 学生轻松地仰躺在吊床中，教师左右摇晃吊床。（见图 2–5–1）

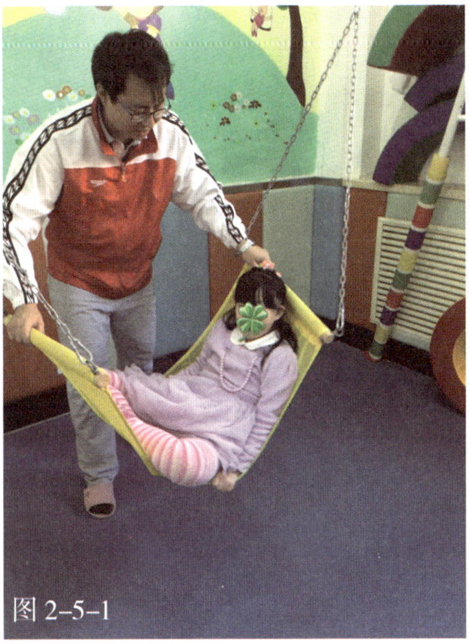

图 2–5–1

5. 学生仰躺在吊床中，教师前后摇晃吊床。（见图 2–5–2）

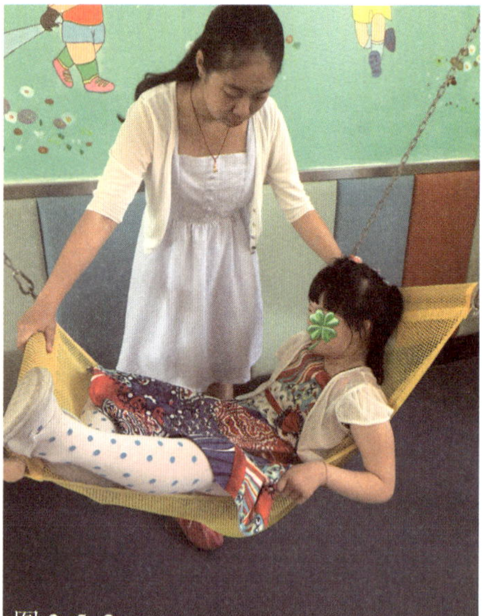

图 2–5–2

6. 学生仰躺在吊床中，双手握紧吊床两侧边缘，教师将吊床顺时针或逆时针旋转 360 度，让学生闭上眼睛感觉其平衡感。

7. 学生坐在吊床中，双手握紧吊床两侧边缘，自己前后、左右晃动吊床，教师保护。（见图 2–5–3）

图 2–5–3

拓展训练：可以指定一物品为特殊目标，让学生在仰躺摇动时注视此目标，强化对眼睛控制的调整，对视觉稳定有很大帮助。

安全事项：

1. 防止撞到墙壁等硬物。

2. 教师在学生自主练习时，要站在吊床旁进行保护。

项目二：横抱筒

项目名称：横抱筒

训练目标：1. 增强前庭平衡功能。

2. 提高身体协调能力。

适应对象：本体感觉不足、身体协调能力差的学生。

训练器材：横抱筒

训练流程：

1. 热身活动：我是小时钟

原地左右摇摆晃动身体。

2. 骑坐横抱筒

让学生骑在横抱筒上，跟骑木马一样，大腿夹紧，教师左右、前后晃动横抱筒，学生尽力保持身体平衡。（见图 2–5–4）

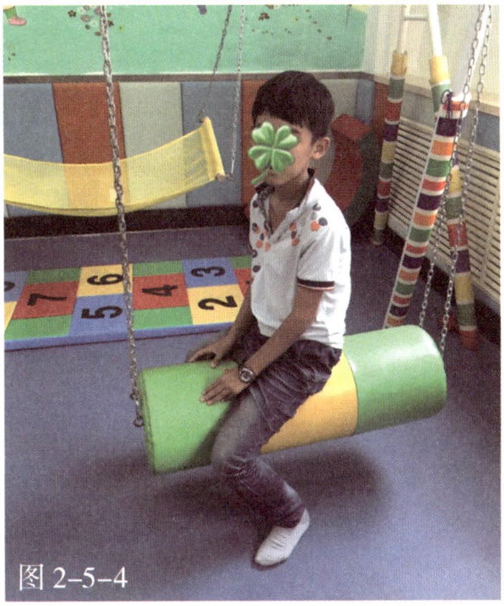

图 2–5–4

3. 横坐横抱筒

让学生抓住横抱筒两侧的绳索，横坐在横抱筒上自由晃动，也可像荡秋千一样前后荡起来。（见图 2–5–5）

图 2–5–5

4. 趴抱横抱筒

让学生趴在横抱筒上，双臂、双腿夹紧横抱筒，教师左右、前后晃动横抱筒。（见图 2–5–6）

图 2–5–6

5. 站立横抱筒

让学生站在横抱筒上，两手紧握横抱筒两侧的绳索，教师左右、前后晃动横抱筒。（见图 2–5–7）

图 2–5–7

6. 蹲站横抱筒

让学生蹲在横抱筒上，两手紧握横抱筒两侧的绳索，教师左右、前后晃动横抱筒。（见图 2–5–8）

图 2–5–8

拓展训练：

1. 在横抱筒的前方放置目标物，如悬挂气球或绒布玩具等，要求学生在荡动的过程中用脚尖踢指定的目标物。

2. 让学生骑坐在横抱筒的一端，在抱筒的一侧放置一块木板，要求学生每摆动一次，就自己用脚蹬木板一下，借助木板对脚的反作用力来保持抱筒的摆动。

3. 也可让两名学生背对背骑坐在横抱筒上，横抱筒两侧各放置一块木板，要求学生自己用脚蹬木板，依靠木板对脚的反作用力推动抱筒的摆动，且两名学生蹬木板的力度要接近，才能保持抱筒较好摆动，若力量相差悬殊，则抱筒总是歪向一侧。

4. 在横抱筒的一侧放置一个纸盒，里面装上积木或小球，要求学生在晃动的过程中抓取指定的物品，并投掷到指定的位置。

安全事项：

1. 教师要提前布置好训练环境，教师要在一旁时刻关注训练过程。

2. 训练初期，使用安全带固定学生躯体。谨防旋转训练进行中，学生突然脱离抱筒。

3. 学生不得单独使用该设备，需有感统老师在场实施监视、指导，也不宜学生间进行互相训练。

4. 训练人员及时调控荡摆幅度，防止学生身体特别是头部撞击到铁架。

综合功能训练项目

项目一：吊床

项目名称：吊床

训练目标：调节学生前庭感觉。学生坐在吊床中心，两手紧握尼龙绳，荡秋千式地向前、向后运动，或躺在吊床上，教师将吊床前后摆动。

适应对象：前庭觉不良、动作不协调的学生。

训练重点：

1. 调整前庭固有感觉。

2. 增强学生身体的协调性与平衡性。

3. 训练前庭觉，同时注重学生认知能力的训练。

训练器材：吊床

训练流程：

1. 热身活动

首先将三名学生分为一组，其中两名学生面对面双手互拉组成一个圆圈扮大树，另一名学生站在圆圈中间扮松鼠。教师及没能组成对的学生担任临时人员。教师喊“松鼠”时“大树”不动，扮松鼠的学生必须离开原来的“大树”，重新选择其他“大树”。教师需要临时扮松鼠并插到“大树”当中，落单的人就要被淘汰，换新人进行活动。教师喊“大树”时“松鼠”不动，扮大树的学生必须离开原先的同伴，重新组合成一棵“大树”，并圈住“松鼠”。教师临时扮大树，落单的人被淘汰。教师喊“地震”时，扮大树和松鼠的人全部打散并重新组合，扮大树的人也可扮松鼠，“松鼠”也可扮大树，教师也可插入队伍当中，落单的人被淘汰。

通过这样的热身活动，活络学生筋骨的同时训练学生的认知能力。

2. 儿歌导入：《荡秋千》

小朋友，荡秋千，一荡荡到花园里。摘朵小花当花环，摘片树叶当耳环，摘株小草做什么？做成小兔蹦蹦跳。小朋友，荡秋千，一荡荡到田野里。摘片树叶当雨伞，摘株小草当戒指，摘根稻草做什么？做成房子乐呵呵。

通过儿歌的学习与导入，激发学生的学习兴趣，调动活动热情。

3. 训练活动

（1）荡秋千

要求：学生在教师辅助下坐在吊床上，两手紧握尼龙绳，教师前后摇摆吊床，学生开始荡秋千式的前后运动。

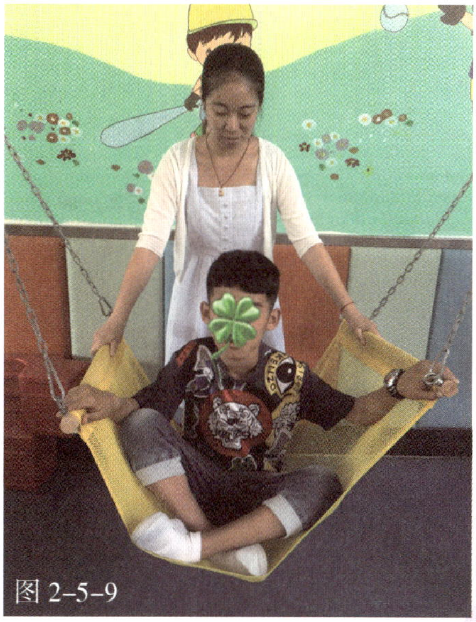

图 2-5-9

学生适应后，自己尝试前后摆动，

做荡秋千的动作。（见图 2-5-9）

（2）仰卧在吊床上

要求：学生在教师辅助下仰卧在吊床上，用身体使吊床左右摇摆。开始时注意速度不宜过快，教师要注意学生的反应。当学生适应后，教师可逐渐放手，学生在吊床上摆动的过程中，可以手拿按摩球在腹部按摩。（见图 2-5-10）

图 2-5-10

（3）俯卧在吊床上

要求：学生俯卧在吊床上，吊床前方地上放置一个玩具，吊床前后摇晃时让学生拾取地上的玩具。加大任务难度，学生俯卧在吊床上，并能够按教师的指令取出圆形或方形物体。

拓展训练：学生俯卧在吊床上，靠自身力量或教师辅助前后摆动，吊床前方放置一个桶，让学生在运动中将手中的海洋球准确地投放到桶里。（见图 2-5-11）

图 2-5-11

如果学生无法取到前方的玩具，教师可把玩具握在手里，等学生接近时放到其手中。

安全事项：学生在开始时可能会紧张，请教师蹲下给予安抚，避免学生在吊床内挣扎。

项目二：横抱筒

项目名称：横抱筒

训练目标：学生趴在横抱筒上，双手双脚抱住横抱筒。教师协助摇晃，或学生站在横抱筒上荡秋千。改善触觉敏感，强化前庭刺激、本体觉。

适应对象：本体感缺失、前庭能力较差的学生。

训练重点：1. 促进触觉发展，强化前庭刺激。

2. 增强本体觉发展。

训练器材：横抱筒

训练流程：

1. 热身活动：请你跟我这样做

教师带领学生一起做《动物热身操》。（播放背景音乐）

小鸟飞，飞啊飞，拍拍翅膀飞啊飞；（上肢运动）

小鸭走，走啊走，摇摇摆摆走啊走；（下肢运动）

小蛇爬，爬啊爬，左扭右扭爬啊爬；（腰部运动）

小象走，走啊走，甩甩鼻子走啊走；（俯背运动）

小马跑，跑啊跑，嗒嗒嗒嗒跑啊跑。（跳跃运动）

2. 摇篮中的宝宝

图 2-5-12

学生趴在横抱筒上，上下肢夹抱筒体，腿和脚尽量夹住筒体，脚要悬空。（具体姿势可以参照图 2-5-12 和图 2-5-13，两种姿势均可）由教师协助做前后、左右的摇晃，摇晃 3 分钟后休息 3 分钟，再接着摇晃 3 分钟，如此往复 5~8 次。注意观察学生的反应，如果学生适应了这种身体摇晃时的感觉，可以鼓励学生自己先双脚着地，向左或向右走几步，给自己一个推力，然后抬起双脚，自己摇摆起来。（见图 2-5-12）

3. 空中捡物

学生趴在横抱筒上，上下肢夹抱筒体，腿和脚尽量夹住横抱筒，脚要悬空，教师协助摇晃。摇晃过程中可在地上放一些学生可以拾起的物品，如：海洋球、布口袋、糖块、布偶等。这一项目主要训练学生在摇晃

过程中松开一只手抓取目标物。（见图 2-5-13）

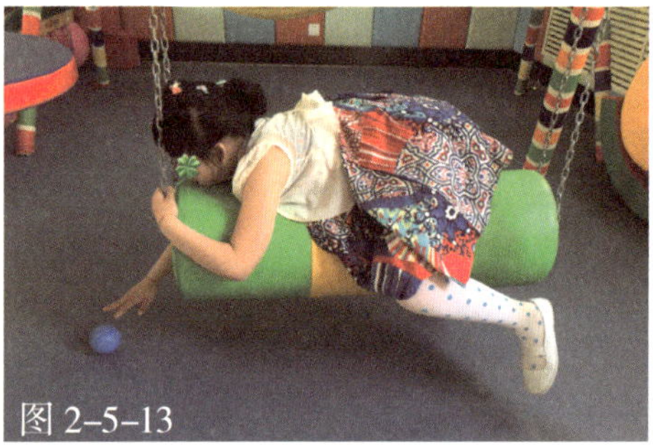
图 2-5-13

4. 荡秋千

学生横坐在横抱筒上，双手握住两侧的铁链，双脚接触地面向后走几步，直至抱筒在学生臀部位置，双脚抬起荡秋千。教师在旁边保护以防学生掉落。（见图 2-5-14）

图 2-5-14

5. 空中飞人

教师握住横抱筒铁链保持筒体平衡，学生蹲站在抱筒上，若学生自己不敢蹲站上去，教师可以在背后辅助，帮助其站在抱筒上。教师在旁边给学生一个推力使其在上面荡秋千。学生可以闭上眼睛感受身体晃动时的感觉，想象自己已经飞起来了。教师在旁边保护以防学生掉落。（见图 2-5-15）

图 2-5-15

拓展训练：

1. 两名学生之间可以轮流玩荡秋千游戏。注意提醒在下面助推时用力要适中。

2. 学生趴在横抱筒上，双手、双脚抱住横抱筒。在抱筒前方和两侧放置一些目标物，训练学生在摇晃过程中用棒击打目标物。

3. 训练时，教师可以语言要求学生尝试睁眼环顾四周或闭目感受晃动时的身体感觉，以及两者交替时身体的感觉变化。

安全事项：本体觉不佳的学生趴在抱筒上时可能浑身松软，过度的摇晃可能会使他们掉落。

过分敏感、胆小的学生，不宜特别强迫，须与训练人员共同完成或者特别保护。

初始训练时，为防意外或挫伤学生积极性，可在横抱筒下铺设软垫。

项目三：荡秋千

项目名称：秋千

训练目标：

1. 改善学生恐惧、胆小等情绪障碍问题。

2. 强化、刺激本体感觉成熟，发展肌肉、关节信息传导，促进左、右脑健全发展。

3. 增强学生四肢的协调性 。

适应对象：

1. 注意力不集中、好动不安、有多动症表现的学生。

2. 有情绪不稳定、胆小、爱哭、易冲动、自信心不足等心理障碍的学生。

3. 行动不协调、常磕磕碰碰、动作笨拙、身体灵活度不足、姿态不正、双侧协调不佳的学生。

训练重点：让学生自己探索坐在秋千上怎样才能荡得更高，并在秋千上完成教师要求的腿部动作。

训练器材：秋千、羊角球、沙袋

训练流程：

1. 导入。带领学生来到秋千下，让学生观察秋千并自己想办法让秋千摇晃起来。“你能借助腿的力量，荡得再高一点儿吗？”引导学生通过蹬腿练习，逐步提高对腿部肌肉的控制力。在变化的高度中，调节身体平衡，增强本体感觉。（见图 2–5–16）

图 2–5–16

2. 同伴协作。可两名学生共同训练，互相帮助，摇动秋千。与同伴游戏时，摇秋千的一方需要注意摇的力度、节奏，并不断观察同伴的反应。提供与同伴交往的机会，培养学生的同伴协作意识，为课程增添趣味性。（见图 2–5–17）

图 2–5–17

图 2–5–18

3. 秋千上踢球。教师手拿一个羊角球，学生荡到教师旁边时，用脚踢球。球有弹力、目标较大，学生踢球会发出“嘭”的一声，目标容易达成，学生也更容易获得成就感。另外，这是一次双重注意力的任务要求，学生在保持身体平衡、不让自己从秋千上掉下来的同时，还要判断球的位置，以使自己踢到球。可提高有意注意的水平和反应能力。（见图 2–5–18）

图 2–5–19

4. 秋千上踢沙袋。教师手拿一个比皮球体积小的沙袋，拴上绳，让学生在秋千上踢沙袋，目标变小，任务难度加大。（见图 2–5–19）

拓展训练：保护小皮球的游戏。让学生在荡秋千的同时，双腿用力

夹住小皮球，保持此动作一分钟，提高注意力的稳定性。（见图 2–5–20）

图 2–5–20

安全事项：

1. 事先对秋千的安全性进行检查 。
2. 安全保护措施，如：在秋千下的地面铺设软垫。
3. 秋千两边不要有任何物品，以免磕伤学生。

（六）海洋球池

单一功能训练项目

项目名称：海洋球池

训练目的：强化触觉作用，辨识感觉层次，调整大脑感觉神经的灵敏度。

训练重点：

1. 强化儿童的触觉。
2. 有助于前庭体系、身体协调能力的发展。
3. 强化脑干技能。

适应对象：触觉敏感或不足、身体协调不良，有自闭症、多动症的学生。

训练器材：海洋球池

训练流程：

1. 热身：请你跟我这样做（重复 3 次）

伸出你的小手，拍一拍。

伸出你的小脚，踩一踩。

伸出你的小手，拍一拍。

伸出你的小脚，踢一踢。

2. 儿歌：《红黄蓝宝宝之歌》

红红一个圆，太阳在上边，太阳像妈妈，照得宝宝暖；

黄黄一个圆，月亮在上边，月亮像摇篮，宝宝荡秋千；

蓝蓝一个圆，蓝天在上边，蓝天像爸爸，呵护宝宝甜。

有了红黄蓝，有了艳阳天，我爱红黄蓝，爱在我心田。

哪里有太阳，哪有红黄蓝；哪里有蓝天，哪有红黄蓝。

我爱红黄蓝，爱它到永远，我爱红黄蓝，爱它到永远。

3. 学生独立走上台阶站到池壁上，脚尖弯曲抓住池壁，双腿弯曲，上身向前倾，挥动双手用力向前跳入池中。（见图 2-6-1）

图 2-6-1

4. 将学生引导到适当位置，指导学生慢慢坐下，逐渐将身体全部没入球池中，感受球的挤压。（见图 2–6–2）

图 2–6–2

5. 学生坐在球池中，用手不断地翻动（先左右翻动，再上下翻动）海洋球或躺在球池中摆动手脚、头颈等身体部位，在浮力状态下，调整身体的重力感。（见图 2–6–3）

图 2–6–3

6. 学生在球池中踏步或跳跃，感受不同重心及身体运动的感觉。（见图 2-6-4）

图 2-6-4

拓展训练：

1. 在球池中做开火车游戏。

2. 在球池中掺入报纸团或其他物品，让学生感受不同的触觉刺激。

3. 将触觉球埋入球池中，学生自行寻找。

安全事项：

1. 练习形式由在海洋球池中坐立到在球池中做各种动作，如跑步、模仿骑踩踏车等，逐步增加难度。

2. 防止撞到池壁。

综合功能训练项目

项目名称：球池

训练目标：强化触觉敏感度，发展前庭体系、身体协调、固有前庭平衡等能力，小球给学生的身体提供触觉刺激。没有固定的游戏规则，让学生尽情玩耍。培养他们良好的环境适应能力，锻炼身体协调能力，克服胆小的情绪障碍等问题。

适应对象：

1. 注意力不集中、好动不安、有多动症表现的学生。

2. 有情绪不稳定、胆小、爱哭、易冲动、自信心不足等心理障碍的学生。

3. 行动不协调、常磕磕碰碰、动作笨拙、身体灵活度不足、姿态不正、双侧协调不佳的学生。

训练重点：让学生在球池中翻动或摆动手脚，触球传球，使身体、头颈在浮力状态下调整重力感信息。

训练器材：球池、跳台、皮球若干、软垫

训练流程：

1. 进入球池。“今天我们要到一片小球的海洋里去玩。”（教师用手拨弄彩球）让学生观察到小球很轻，认识其像水一样的轻柔质感。学生以自己的方式进入球池，可以轻轻跨入，可以用力跳入，也可以从搭在边缘的软垫上轻轻滑入。舒缓学生情绪，创造愉悦的学习氛围。（见图 2–6–5）

图 2–6–5

2. 踏步走。学生初步适应球池环境以后，教师站在球池边，鼓励学生用踏步走的方式，“穿越海洋”到达球池的另一侧。使学生获得运用腿部力量，穿越障碍的体验。（见图 2–6–6）

图 2-6-6

3. 龟兔赛跑的游戏。教师讲述龟兔赛跑的故事，问“兔子是怎样走的呢？”，引导学生单脚跳和双脚跳，变换行走方式。游戏式的活动内容，丰富了课堂的趣味性，让学生在不同姿势的跳跃中，增强大腿、小腿肌肉的力量，增强肢体活动的稳定性。（见图 2-6-7）

图 2-6-7

4. 爬行。在教师讲述的故事中，乌龟出场。教师问："你知道乌龟是怎样爬行的吗？"引导学生爬行前进，使学生动用全身的感觉来体验海洋球的挤压，丰富触觉和本体感觉。（见图 2–6–8）

图 2–6–8

5. 指导学生将身体全部藏在球池中，只露出头部，接受球的挤压。（见图 2–6–9）

图 2–6–9

6. 在球池中藏一种或多种其他质地或同海洋球大小不同的物品，让学生寻找。在以上活动中，学生已经了解了海洋球的触感和重力感，而皮球具有不同的触感和重力感觉，这项内容可作为动用物理感觉的任务要求。（见图 2-6-10）

图 2-6-10

7. 颜色判断分类。“小兔子跑啊跑，突然看到路边有很多不同颜色的蘑菇，其中有一些蓝蘑菇最漂亮，你能找到和蓝蘑菇一样颜色的小球吗？挑出来装到盆里。”培养学生的颜色判断及分类能力。（见图 2-6-11）

图 2-6-11

8. 抛接球。教师站在球池外面，和学生进行抛接球的游戏。发展学生注意力水平和运动企划能力。（见图 2–6–12）

图 2–6–12

9. 球池边建一个一米以上高度的篮筐，学生站在球池内跳起投篮。（见图 2–6–13）

图 2–6–13

拓展训练：在球池边放置一个一米高的跳台，跳台上方放置一个悬挂着一个皮球的高架。让学生先从跳台上跳下，再用手击打皮球，然后跳入池中。

安全事项：

1. 注意观察学生对各种感觉的喜爱、固执和排斥。

2. 出于安全考虑，学生的体重和球的数量应适当。

3. 球池内不可放置硬物。

（七）滑梯

单一功能训练项目

项目名称：滑梯滑滑

训练目标：从滑梯上滑下的动作强化前庭觉作用，辨识感觉层次，调整大脑感觉神经的灵敏度。（不需要滑板）

适应对象：有自闭症、多动症以及身体协调不良的学生。

训练重点：协助大脑统合固有感觉输入，并协助身体姿势的稳定，以及在全身肌肉同时收缩时，维持高度的平衡感。

训练器材：滑梯

训练流程：

1. 热身：请你跟我这样做（重复 3 次）

伸出你的小手，拍一拍。

伸出你的小脚，踩一踩。

伸出你的小手，拍一拍。

伸出你的小脚，踢一踢。

2. 儿歌《红黄蓝宝宝之歌》

红红一个圆，太阳在上边，太阳像妈妈，照得宝宝暖；

黄黄一个圆，月亮在上边，月亮像摇篮，宝宝荡秋千；

蓝蓝一个圆，蓝天在上边，蓝天像爸爸，呵护宝宝甜。

有了红黄蓝，有了艳阳天，我爱红黄蓝，爱在我心田。

哪里有太阳，哪有红黄蓝；哪里有蓝天，哪有红黄蓝。

我爱红黄蓝，爱它到永远，我爱红黄蓝，爱它到永远。

3. 让学生坐在滑梯下三分之一处，自己滑下，并在下滑的过程中保持正坐姿，双手轻抚滑梯边缘。（见图 2–7–1）

4. 学生爬至滑梯二分之一处，自己滑下，并在下滑的过程中保持正坐姿，双手轻抚滑梯边缘。

5. 学生从滑梯的最高处滑下，并在下滑的过程中保持正坐姿，双手轻抚滑梯边缘。

图 2–7–1

拓展训练：可以在滑下时，手抱洋娃娃，或在滑下地方设球池或简单的障碍物，以增加趣味性。

安全事项：

1. 练习高度由低到高，逐步提升。

2. 教师在学生滑下的终点等待学生，防止其撞到地板。

3. 下滑过程中，教师在滑梯旁进行保护。

综合功能训练项目

项目一：滑板车

项目名称：滑板车

训练目标：学生俯卧在滑板上，挺胸抬头，双脚并拢。训练腰部、腹部、颈部肌张力以及身体双侧整合协调能力，调节学生前庭感觉、触觉和本体感觉。滑板训练能调节前庭感觉和触觉，引发丰富的平衡反应，运动中大量的视觉情报，脊髓及四肢的本体感，使整体感觉统合运动功能积极发展。

适应对象：有孤独症、多动症以及动作不协调等学生。

训练重点：

1. 调整前庭固有感觉。

2. 提高学生触觉和本体感觉。

3. 增强学生身体的协调性。

训练器材：滑板车

训练流程：

1. 热身活动

现场所有学生手牵手围成一个大圈，教师站在圈内开始喊口令："大风吹，吹大风，吹穿白色衣服的（从学生身上找特征）……"，所有学生围着教师转动，听到"吹穿白色衣服的"时，穿白色衣服的学生须立刻进行位置互换，其他学生位置不动。（动作反复或站错的学生都将受到"惩罚"，现场表演节目）

游戏意义：一是吸引学生兴趣，提高注意力；二是训练学生的反应能力；三是通过热身活动，可以活络筋骨。

2. 青蛙蹬

图 2-7-2

学生俯卧在滑板上，以腹部为中心，身躯紧贴滑板，抬头、挺胸，头颈部抬高，双腿如青蛙游泳般屈曲，双脚顶在墙壁上，用力一蹬，使身体贴着滑板往前滑行，同时，双手伸展，像游泳似的从两侧往后划，保持滑板继续向前滑行，滑到接近对面墙壁时，用手控制方向做 180 度回转，同时双腿屈曲，再蹬、再滑，如此反复多次。（见图 2-7-2）

3. 静态飞机式

学生俯卧在滑板上，以腹部为中心，身躯紧贴滑板，头颈部抬高，挺胸，双手、双脚伸展提高，如同飞机起飞状，保持这种姿势直至坚持不住。一般 6 岁左右的学生可保持这种姿势 20~30 秒。

4. 乌龟爬行

学生俯卧在滑板上，以腹部为中心，身躯紧贴滑板，抬头、挺胸，头颈部抬离，双脚并拢抬起，以双手伸展慢慢往前爬行移动，称为乌龟爬行。移动时可通过手来控制方向，可往前也可往后退，可按指定路线行进，并可在原地做 180 度或 360 度旋转。教师要提醒学生注意手的正确使用，学生爬行时双手同时着地，手指张开，手掌和手指都紧贴地板，收缩手臂，对抗手掌和手指与地面的摩擦力，带动滑板和滑板上整个身体的重量移动。（见图 2–7–3）

图 2–7–3

滑板爬行的活动量可从每天爬行 8~10 米的距离 30 次开始，逐渐增加至 80~100 次。

拓展训练：

1. 牵引滑行

学生俯卧或仰躺在滑板上，用手拉着绳子，教师牵动绳子带动趴在滑板上的学生做前进、转弯、旋转等动作。对于手臂力量不够、不会用手爬动的学生，可用这种方法带动其滑行，协助其体验滑板上运动时的前庭感受。

2. 滑板运物（游戏训练）

（1）当学生对滑板上的爬行动作熟练以后，教师可以用平衡触觉板围成一条通道，让学生俯卧在滑板上成飞机式，顺着通道的方向，逐步爬行前进。

（2）教师在通道的一端设置需要运回原点的物品。学生用不同的方法把不同的物品运回自己的篮子里，拿到一定数目后可以得到一定的奖励。

安全事项：

1. 教师要注意观察学生的反应，如果学生无法接受，就不要勉强，先让学生多做能够胜任并且乐于去做的活动。

2. 学生在进行滑板车练习时，周围环境应保持整洁，不要有其他的障碍物，保证安全。

项目二：滑梯

项目名称：花样滑滑梯

训练目标：通过学生在滑梯上扔物、推物等活动，锻炼学生维持身体姿势的稳定，维持高度的平衡感觉，促进身体保护、伸展反应的成熟，促进脑干体系的活跃化。

适应对象：平衡能力不佳、身体不协调的学生。

训练重点：

1. 颈部张力的提高可刺激学生的前庭体系和本体觉。

2. 俯卧姿势的维持可促进身体的双侧协调。

训练器材：滑梯（240 厘米 ×75 厘米 ×50 厘米）

训练流程：

1. 热身活动：请你跟我这样做

教师带领学生边听儿歌边做热身操。儿歌名称《小竹桥，摇摇摇》。

有只小熊来过桥，立不稳，站不牢，走到桥上心乱跳。头上乌鸦“哇哇”叫，桥下流水“哗哗”笑。“妈妈妈妈你来呀，快把小熊抱过桥！”河里鲤鱼跳出水，对着小熊大声叫：“小熊小熊不要怕，眼睛向着前边瞧！一二三，向前跑！”小熊过桥回头笑，鲤鱼乐得尾巴摇。

2. 俯卧滑滑梯

学生自己将滑板抱起，放在滑梯顶端的平台上，身体俯卧在滑板上，头、手在前，脚在后，教师协助轻轻推动滑板，使滑板由滑梯上自然地滑下来，也可以让学生自己用双手抓住滑梯的两侧，同时用力往后拉，借用反弹力使滑板往前滑行，较快地从滑板的斜面滑下来。也可以采用脚在前、头在后的方式，从滑梯上倒着滑下来。（见图 2–7–4）

图 2–7–4

3. 仰躺滑滑梯

教师将滑板放在滑梯顶端的平台上。学生身体蜷缩，双手抱腿，身体仰躺在滑板上，头、颈部要尽可能往上抬，教师协助轻轻推动滑板，使滑板由滑梯上自然地滑下来。

4. 坐滑滑梯

学生坐在滑板上并将双腿盘起，双手扶住滑梯的两侧，教师在学生背后轻轻用力给学生一个推力，使滑板自由滑落，或学生自己用手臂用力使滑板向前滑动。学生在体验几次之后，可以要求其在下滑过程中将双臂张开，想象自己是一只雄鹰，正在展翅飞翔，让学生体验自己身体运动变化的感觉。（见图 2–7–5）

图 2–7–5

5. 滑梯投篮

学生自己抱起滑板并将其放在滑梯顶端，然后坐在滑板上，手中拿一个小球，教师在学生背后轻轻给一个推力，让学生滑下去。在下滑的过程中，学生将手中的小球扔进指定的篮子或纸箱中。

6. 空中打飞鼠

教师在滑梯滑道的中间正上方悬挂一个小飞鼠（毛绒玩具），高度在学生滑行时伸手可以碰得到的位置。学生手中拿一个纸棒或塑料吹气棒，在下滑过程中用手中的纸棒或塑料吹气棒击打悬挂的小飞鼠。

7. 穿过墙壁

教师在滑梯前面用塑料积木堆成城墙等障碍物，让学生滑下来时推开。或由另外两名学生手持旧报纸在滑梯末端形成一面墙，让学生滑下来的时候穿过“墙壁”。

拓展训练：

1. 学生在下滑过程中推球。

2. 教师在滑梯上设置一个小隧道，让学生在下滑时穿过预先设好的隧道。

安全事项：教师给学生的推力要轻柔，不要用力过大。

（八）平衡器械训练

单一功能训练项目

项目一：晃动平衡木

项目名称：过桥

训练目标：让学生通过狭长的路径，以此来协助其身体平衡能力的建立。

适应对象：有自闭症、多动症以及身体协调不良的学生。

训练重点：帮助学生建立身体平衡能力。

训练器材：晃动平衡木

训练流程：

1. 热身：请你跟我这样做（重复 3 次）

伸出你的小手，拍一拍。

伸出你的小脚，踩一踩。

伸出你的小手，拍一拍。

伸出你的小脚，踢一踢。

2. 儿歌《红黄蓝宝宝之歌》

红红一个圆，太阳在上边，太阳像妈妈，照得宝宝暖；

黄黄一个圆，月亮在上边，月亮像摇篮，宝宝荡秋千；

蓝蓝一个圆，蓝天在上边，蓝天像爸爸，呵护宝宝甜。

有了红黄蓝，有了艳阳天，我爱红黄蓝，爱在我心田。

哪里有太阳，哪有红黄蓝。哪里有蓝天，哪有红黄蓝。

我爱红黄蓝，爱它到永远，我爱红黄蓝，爱它到永远。

3. 学生站在独木桥旁边，观察、认识独木桥的基本构造。

4. 教师先示范过桥姿势：双手紧握边栏，眼睛注意脚的移动，慢慢走过独木桥。学生在桥边观察。

5. 学生在桥下模仿教师过桥姿势：双手紧握边栏，眼睛注意脚的移动，慢慢走过独木桥。

6. 学生练习过桥，教师在旁边保护。

7. 学生练习倒退过桥：双手紧握边栏，眼睛注意脚的移动，慢慢倒退走过独木桥。

拓展训练：让学生闭上眼睛，感受平衡及对身体的控制。

安全事项：

1. 学生行走时教师注意保护，防止其摔下来。

2. 练习幅度逐步增加，练习动作由慢到快，练习次数由少到多。

3. 在整个过程中要始终关注学生，时刻准备辅助学生，以免学生受到伤害。

项目二：平衡木

项目名称：平衡木

训练目标：通过前行、侧行、倒行以及在行走中完成其他肢体动作等方式来增强学生的前庭平衡功能。

适应对象：身体协调能力差的唐氏综合征、自闭症等学生。

训练重点：帮助学生建立身体平衡能力。

训练器材：平衡木

训练流程：

1. 热身活动：走直线

用彩色胶带纸（略宽）在地上粘贴出两条平行直线，长约 2 米，与肩同宽，要求学生光脚从直线的一端走到另一端，行走时脚尽量不偏离直线。

2. 儿歌：《平衡木》

平衡木，真有趣，像座小桥院中立。小朋友，走上去，立刻变成小飞机。摇摇晃晃走过去，回头看看笑嘻嘻，觉得自己有勇气。

3. 行走平衡木

学生在教师的指导下练习平衡木的行走项目。

（1）拖步正向行走

学生一脚始终在前，另一脚随前脚拖动行走。训练初期，教师可以给予一定的扶持，随着学生的掌握情况，慢慢减少辅助。（见图 2–8–1）

图 2–8–1

（2）正常行走

学生两脚交替行走。（见图 2–8–2）

图 2–8–2

（3）侧向行走

学生侧向站在平衡木上，侧向行走。（见图 2-8-3）

图 2-8-3

（4）倒向行走

学生转过身，在平衡木上倒退行走。（见图 2-8-4）

图 2-8-4

4. 蹲起平衡木

学生站在平衡木上，两脚分开，在教师的搀扶下，进行下蹲、起立的动作。（见图 2–8–5）

图 2–8–5

5. 单腿站立平衡木

学生在教师的扶持下，单腿站在平衡木上，保持平衡，双腿交换进行。（见图 2–8–6）

图 2–8–6

6. 原地旋转平衡木

学生在平衡木上，上身旋转，下肢位置不变。（见图 2-8-7 和图 2-8-8）

图 2-8-7

图 2-8-8

拓展训练：

1. 可以不断调节平衡木的高度，由低到高，由易到难。

2. 学生在行走的时候，还需要完成其他的肢体活动，如：手捧小球、手抓木棒等。

3. 学生在行走时，也可以进行花样走，如双腿交叉行走等。

4. 学生训练达到一定程度后，可以闭目进行简单的活动。

5. 在平衡木上进行互动训练，教师与学生互相传递小球。

安全事项：

1. 行走时速度应缓慢，教师要扶住学生保持平衡，不要过于追求速度，以免掉落。

2. 学生的裤脚不要拖地，鞋带要系紧，以免摔跤。

项目三：平衡步道

项目名称：平衡步道

训练目标：帮助学生掌握不倒翁游戏的动作要领，让学生体会平衡步道对背部神经的刺激。通过不倒翁游戏强化背部肌肉关节神经感应，促进血液循环，调整大脑感觉神经的灵敏度。

适应对象：触觉敏感或不足、身体协调不良，有多动症、自闭症的学生。

训练重点：

1. 强化背部肌肉关节神经感应，促进血液循环。

2. 调整大脑感应神经的敏感度。

训练器材：平衡步道

训练流程：

1. 师生问好。

2. 放松训练：教师与学生一起躺在地面上，进行深呼吸 5 次，感受背部肌肉的放松。

3. 在地面上进行不倒翁游戏，教师为学生讲解游戏的动作要领：学生双腿盘坐在地面上，双手握住双腿，脊椎用力迅速向后仰，当脊椎与地

图 2–8–9

面紧贴后，腹部用力顺势坐起。（见图 2–8–9）

此过程中，教师要指导学生掌握动作要领。学生掌握动作要领后，教师可与学生进行小比赛，看哪组做得快。

4. 感触平衡步道

引导学生平躺在平衡步道上，呼吸放松，感受来自背部的按摩刺激，提高学生皮肤触觉敏感性。（见图 2–8–10）

图 2–8–10

5. 学生在平衡步道上进行不倒翁游戏。（见图 2–8–11）

图 2–8–11

6. 学生平躺在平衡步道上，呼吸放松，感受背部肌肉的放松，提高学生皮肤触觉敏感性。

拓展训练：

1. 用小刺球对身体各部位进行按摩。

2. 用毛巾以中度力气擦学生的手臂、足部、胸肌肉、背部。

3. 尝试用木梳、羽毛、毛巾等代替，进行梳头、刷手掌及脚底的游戏，以强化学生的触觉练习。

安全事项：

1. 练习幅度逐步增加，练习动作由慢到快，练习次数由少到多。

2. 在整个过程中要始终关注学生，时刻准备辅助学生，以免学生受到伤害。

综合功能训练项目

项目一：平衡步道

项目名称：平衡步道

训练目标：通过学生在上面尽情滚、爬、走、跑、跳，刺激学生脚底神经及全身触觉感应，增强本体觉。本节课中通过在平衡步道上双脚交替行走、抬头四肢爬行、滚动、跑跳等，让学生在游戏中运动。

适应对象：平衡感不足、足底神经发育不良，有多动症、自闭症的学生。

训练重点：

1. 增强本体觉。

2. 刺激脚底神经及全身触觉感应。

训练器材：平衡步道（148 厘米 ×30 厘米 ×3 厘米，每组 4 串，红、黄、蓝、绿四种颜色）

训练流程：

1. 热身活动：请你跟我这样做

教师带领学生一起做《动物热身操》。（播放背景音乐）

小鸟飞，飞啊飞，拍拍翅膀飞啊飞；（上肢运动）

小鸭走，走啊走，摇摇摆摆走啊走；（下肢运动）

小蛇爬，爬啊爬，左扭右扭爬啊爬；（腰部运动）

小象走，走啊走，甩甩鼻子走啊走；（俯背运动）

小马跑，跑啊跑，嗒嗒嗒嗒跑啊跑。（跳跃运动）

2. 儿歌《小猴摘桃》

小猴小猴真可爱，见到桃子就想摘。举起手，够不着；跳一跳，就摘到。小猴小猴真可爱，见到桃子就想摘。举起手，够不着；跳一跳，就摘到。

3. 摘桃子

学生与教师站在平衡步道的一端。教师指着平衡步道对学生说：“我们要走过眼前的这条小河，到河对岸摘桃子，现在我们一起出发吧。”教师示范动作：双臂展开，左脚踩在平衡步道上，右脚挨着左脚的脚尖交替向前走。学生按照教师示范的动作双脚交替向前走，走到平衡步道的另一端，自己动手去摘桃子，之后原路返回，以此培养学生的平衡能力。（可以将平衡步道连接在一起增加长度，见图 2–8–12）

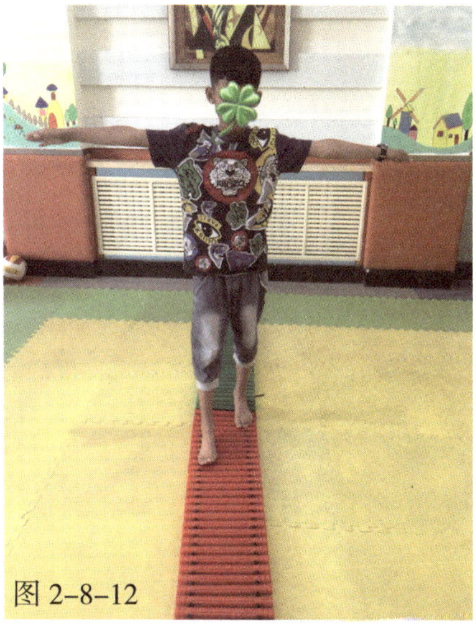

图 2–8–12

4. 蜗牛慢慢爬

学生膝盖跪在平衡步道的一端，脚掌挨着平衡步道，双手放在平衡步道上，手臂伸直支撑身体，尽可能抬头向前爬，通过四肢互动爬到河对岸。到河对岸后，教师给学生两个小雪球，学生推动雪球爬回岸边，以此锻炼学生四肢互动能力和颈肌的张力。（见图 2–8–13）

图 2–8–13

5. 卷花卷

（被动卷）学生横躺在平衡步道上，教师用平衡步道将学生卷起来，双手来回搓动平衡步道的管道，通过管道对皮肤的挤压，进一步加强对皮肤触觉的训练。（主动卷）学生也可以在教师的帮助下将自己卷在平衡步道里，双手举起，以防夹到手指。（见图 2–8–14）

图 2–8–14

6. 仰卧爬行

学生平躺在平衡步道上，利用两只脚和两只手的力量使自己向前爬。在爬的过程中刺激手脚及后背的触觉神经。教师在平衡步道旁边看护，以防学生爬出步道。（见图 2–8–15）

图 2–8–15

拓展训练：

1. 将四组平衡步道连接在一起，增加长度。

2. 在平衡步道上滚动大龙球，增加学生双手的触觉刺激。

3. 坐在平衡步道上抛接、投掷物品。

4. 在平衡步道上随意滚动。

安全事项：学生在进行活动时尽量光脚，保证能刺激足底神经。

项目二：平衡踩踏石

项目名称：我要过河

训练目标：加强学生关节、肌肉信号输入，培养协调能力及自信心。学生在平衡踩踏石的行走过程中不断调整身体姿势，不断提高自身平衡能力和身体协调能力。

适应对象：身体平衡感觉和形象概念差、前庭感觉不佳、注意力不集中的学生。

训练重点：

1. 调整前庭固有感觉。

2. 提高学生注意力。

3. 增强学生身体的协调性。

训练器材：平衡踩踏石

训练流程：

1. 热身活动：健身操

跟随音乐《健身歌》活动身体筋骨。

2. 情境导入：《小马过河》故事

3. 直线过河

准备：教师用其他器具摆成一条直线，模拟直直的河流，也可画直线代替。

要求：整个行走过程中，学生要双手紧拉绳子，走动时脚必须平抬平起。行走的频率不宜过快，练习的时间要根据学生的节奏适时调整。

过程：（1）踏弧面行走：踩踏石弧面向上，平面向下。学生在教师辅助下站在踩踏石弧面上，按要求直线行走。

当学生掌握技巧后，教师可让学生在行进过程中完成指定任务，如行进取物、行进投球等，在训练学生身体协调与平衡性的同时训练学生的手眼协调能力。（见图 2–8–16）

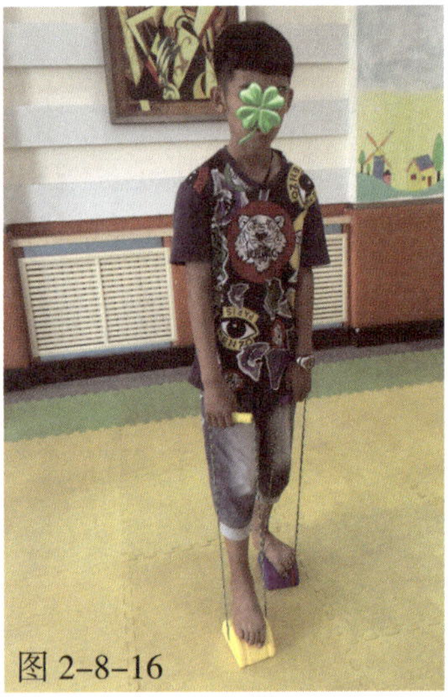
图 2–8–16

（2）踏平面行走：踩踏石弧面向下，平面向上。学生在教师辅助下站在踩踏石平面上，按要求直线前行。当学生掌握技巧后，教师可让学生在行进过程中完成指定任务，如行进取物、行进投球等，在训练学生身体协调与平衡性的同时训练学生的手眼协调能力。（见图 2–8–17）

图 2–8–17

4. 弯路过河

准备：用器具模拟弯弯的河流，也可画曲线代替。

过程：（1）踏弧面行走：踩踏石弧面向上，平面向下。学生在教师辅助下站在踩踏石弧面上，按要求曲线行走。

（2）踏平面行走：踩踏石弧面向下，平面向上。学生在教师辅助下站在踩踏石弧面上，按要求曲线前行。当学生掌握技巧后，教师可让学生在行进过程中，完成指定任务，如行进取物、行进投球等，在训练学生身体协调与平衡性的同时训练学生的手眼协调能力。

拓展训练：

1. 竞技过河

几名学生一起竞技比赛，看谁做得既标准又快。整个过程中，教师要提醒学生注意安全。

2. 花样行走

学生在前进的过程中可以尝试其他方式，如双脚跳着前进等。

3. 设置障碍物，学生踩着脚踏石穿过障碍物

安全事项：

1. 学生双手紧拉绳子，不能松弛，目的是使学生的手脚协调及本体感觉能通过拉绳带来整合，可以锻炼手脚的协调及本体感觉。

2. 在走动的过程中学生必须一直拉紧绳子，不能有松弛情况。另外，站在踩踏石上走动时，学生的脚必须平抬平起，否则踩踏石会自行脱离，无法完成踩踏石行走。目的是使学生的手脚协调及本体感觉能通过拉绳带来整合，可以锻炼手脚的协调及本体感觉，这对足部背伸的肌力有加强的效果，也有平衡协调的作用。

3. 学生踩踩踏石时，教师要保持场地平坦，清除障碍物，防止学生掉下摔伤。

项目三：平衡触觉板（1）

项目名称：平衡触觉板

训练目标：通过站立、坐、走、跳等动作感受平衡触觉板的触点，刺激学生触觉神经，加强触觉学习；各种动作的训练可以提高学生的平衡感和身体的协调性；学生可以在平衡触觉板上以某种动作保持平衡后，增加任务难度或添加认知活动。

适应对象： 触觉敏感或不足、动作不协调、注意力不集中，有多动症、自闭症的学生。

训练重点：

1. 增进手部及膝、腿、脚的皮肤触觉的神经敏感性。

2. 促进前庭平衡觉的发展，有助于学生全身协调运动。

3. 增加任务难度或添加认知活动，使学生在复杂任务中感受触点、保持平衡。

训练器材： 平衡触觉板

训练流程：

1. 热身活动：放松活动

播放音乐，师生边说儿歌边做动作。如“举起双手拍拍手，放平胳膊扭扭肩”，教师做镜面动作，学生模仿。

2. 行走触觉板

将平衡触觉板摆成复杂形状，学生双手伸平，站立于平衡触觉板上，保持平衡，开始直立行走，感受平衡触觉板的触点，领会掌握平衡的方法。在初次训练时，教师应在周围手扶或虚扶学生，避免学生因不能掌握平衡而摔倒，随着训练活动的增多，学生逐渐掌握在平衡触觉板上行走的方法后，再让学生独立活动（见图 2–8–18）。

图 2–8–18

3. 走着扔小球

学生重新站立到平衡触觉板的起点处，手捧装有小球的容器，左手抱容器，右手扔小球，边走平衡触觉板边把容器里的小球扔到地上，要求到达终点之前把所有小球全部扔完。本过程可做 2 ~ 3 遍，小球的数量由少到多逐渐增加。（见图 2–8–19 和图 2–8–20）

图 2-8-19

图 2-8-20

4. 边走边算数

学生站在平衡触觉板的起点处，在教师的指令下出发走平衡触觉板，每走 3 步教师会出一道 10 以内的加法算数题，题目出示后，学生不能继续行走，必须在原地保持平衡，直到算出答案才能继续行走。（见图 2-8-21）

图 2-8-21

拓展训练：

1. 边走边套圈

学生站于平衡触觉板的起点处，手拿套圈，在平衡触觉板上行走，每走到指定地点，在保持平衡的前提下进行套圈，套中后继续行走。套圈的个数随着行走遍数的增加逐渐增多。

2. 争分夺秒

将平衡触觉板拼摆成几种不同的形状，间隔摆放，在每个形状间隔处分别设置不同的任务，教师计时，看学生完成的时间。如：教师在计时开始后，学生先脚尖对脚跟行走直线形平衡触觉板，在阶段一完成坐羊角球跳 3 下，再双脚平移走 S 形平衡触觉板，在阶段二套 3 个圈，最后通过圆形平衡触觉板，与教师击掌后完成所有任务，教师停止计时。

安全事项：

1. 在学生进行活动时，教师应在学生附近，适时扶住学生，或在学生保持平衡后再松手，以免学生掉落或摔倒。

2. 学生在平衡触觉板上行走的时间不宜过长，避免皮肤硌红或受伤。

3. 学生应脱袜在触觉板上行走，感受刺激，并掌控平衡。

项目四：平衡触觉板（2）

项目名称：平衡触觉板

训练目标：通过触摸、坐、跪立、爬行、走、跳等动作感受平衡触觉板的触点，刺激学生触觉神经，加强触觉学习；对学生全身穴道尤其是脚底穴道进行按摩，有着舒经活络的效果；各种动作的训练可以提高学生的平衡感和身体的协调性。

适应对象：触觉敏感或不足、动作不协调、注意力不集中，有多动症、自闭症的学生。

训练重点：

1. 增进手部及膝、腿、脚的皮肤触觉的神经敏感性。

2. 促进手部和膝、腿、脚的血液循环。

3. 促进前庭平衡觉的发展，有助于学生全身协调运动。

训练器材：平衡触觉板

训练流程：

1. 热身活动：基础关节活动。伴随着身体热身运动的儿歌，学生根据指令进行基础关节活动，教师在学生前做镜面动作，有利于学生模仿。

如：请你跟我这样做，双手叉腰扭扭头，前前后后，左左右右；伸平胳膊扭扭腰，向左扭向右扭……

2. 唱儿歌感受触觉：边唱儿歌边用手触碰身体部位，如“点点头，摸摸脸”，教师在学生前做镜面动作，学生模仿。

3. 感受平衡触觉板：学生用手触碰或按压、坐、跪立、踩在平衡触觉板上，用身体的各个部位感受平衡触觉板的触点，教师站在学生附近一米内的位置，便于适时帮助学生保持平衡。让学生尽量描述触摸平衡触觉板的感受，如硌硌的，不能保持平衡，站到上面脚会感到疼痛等。（见图 2-8-22 和图 2-8-23）

图 2-8-22

图 2-8-23

4. 脚尖对脚跟走直线：学生站立于平衡触觉板上，双手平伸，后脚脚尖紧跟前脚脚跟，进行直线行走；教师在开始时辅助学生使其保持平衡，在学生适应平衡后，教师站于学生附近。（见图 2–8–24）

图 2–8–24

5. 脚尖对脚跟走曲线：学生在教师辅助下站立于平衡触觉板上，双手平伸，后脚脚尖紧跟前脚脚跟，进行曲线行走。（见图 2–8–25）

图 2–8–25

6. 双脚平行交替走直线：学生在教师辅助下站立于平衡触觉板上，双手平伸，开始时双脚并拢，左脚交叉移到右脚的右边，右脚后撤回到双脚并拢状态，进行直线行走。（见图 2-8-26）

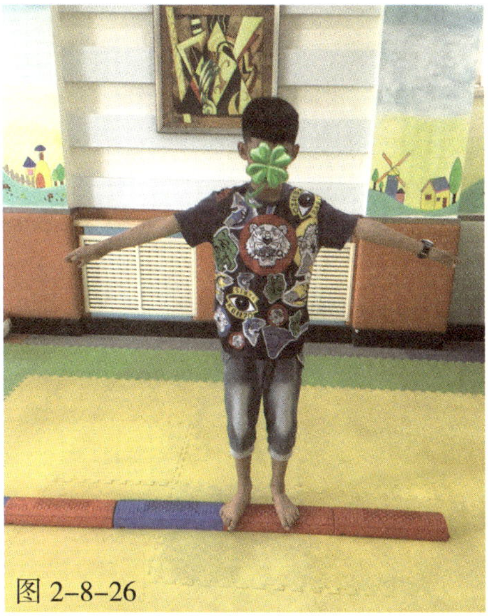

图 2-8-26

7. 双脚平行交替走曲线：学生在教师辅助下站立于平衡触觉板上，双手平伸，开始时双脚并拢，左脚交叉移到右脚的右边，右脚后撤回到双脚并拢状态，进行曲线行走。（见图 2-8-27）

图 2-8-27

拓展训练：

1. 双脚小步平移走直线、曲线。

2. 双脚小步平移走 S 形、椭圆形。

3. 向前爬平衡触觉板。

4. 向后爬平衡触觉板。

5. 在平衡触觉板上小幅度原地跳。

6. 在直线平衡触觉板上小幅度平移跳。

7. 在平衡触觉板上跪立走。

安全事项：

1. 练习内容由简到难，幅度应根据学生自身情况做适度调整。

2. 在学生进行活动时，教师应在学生附近，适时扶住学生，或在学生保持平衡后再松手，以免学生掉落或摔倒。

3. 学生应脱袜在触觉板行走，感受刺激，并掌控平衡。

项目五：太极平衡板

项目名称：太极平衡板

训练目标：通过练习锻炼学生平衡反应的反射感觉，帮助建立前庭固有平衡，同时发展学生下肢力量，让学生学习通过调整身体姿势取得平衡的方法。

适应对象：有多动症、自闭症以及身体协调不良的学生。

训练重点：

1. 训练学生的平衡能力。

2. 训练手眼协调能力。

3. 促进本体感觉发展。

训练器材：太极平衡板

训练流程：

1. 热身活动

活动手腕，四个八拍。双手十指交叉，做波浪滚动。

活动肩膀，四个八拍。双手扶肩，向前转，向后转。

活动腰部，四个八拍。顺时针转，逆时针转。

活动膝盖，四个八拍。顺时针转，逆时针转。

活动脚腕，左、右脚各四个八拍。顺时针转，逆时针转。

2. 感受平衡板

教师和学生共同站在大平衡板上，两人双手紧握，互相保持平衡。教师先站在平衡板上，让学生观察教师是怎样保持平衡的。教师再帮助学生站上平衡板，让学生把住教师找到平衡。学生能够掌握平衡时，教师离开，让学生自己保持平衡。

3. 学生站在小平衡板上，教师慢慢晃动平衡板

学生先在小平衡板上站好，教师扶住平衡板慢慢地做轻微的晃动，让学生在教师晃动的时候调整身体的姿势，在平衡板上保持平衡。注意观察学生头、身体、手、脚为保持平衡所做的伸展姿势。（见图 2–8–28）

图 2–8–28

4. 双手端着平衡板，让小球顺着轨道滑行，训练学生手眼协调能力

学生站在地垫上，手持平衡板，慢慢摇晃，使小球按既定线路运动。在整个过程中，学生双眼紧盯小球，训练手眼协调能力。（见图 2–8–29）

图 2-8-29

5. 站在平衡板上晃动，晃动过程中让球顺着轨道滑行

学生站在平衡板上左右摇晃，使小球能在平衡板内滚动。学生双眼紧盯小球，训练手眼协调能力。

学生站在平衡板上摇晃，使小球能按照既定线路滚动。（见图 2-8-30）

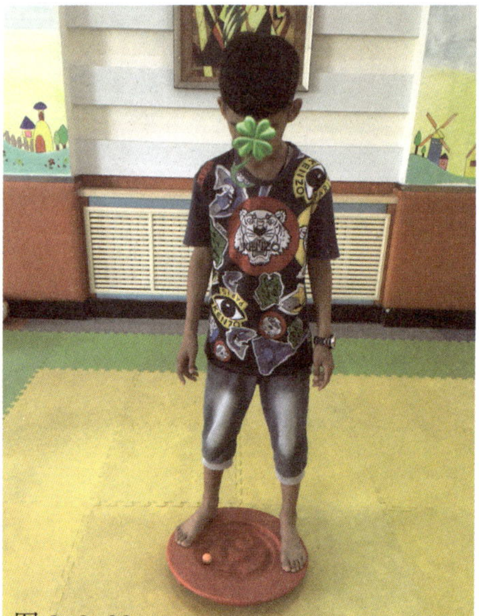

图 2-8-30

6. 投掷物品

学生站在平衡板上，教师在学生附近放一个箱子，给学生几个沙包或小球，让学生在保持平衡的同时把手中的物品投到箱子里。

7. 给物品分类

教师给学生几种不同颜色或不同形状的物品，在学生周围准备几个箱子，让学生站在平衡板上，把手中的物品按不同的类别分别投放到不同的箱子里。

8. 抛接球

学生站在平衡板上，身体保持平衡，与教师做抛接球的游戏。教师根据学生的能力抛给其不同难度的球，抛球的角度从最简单的开始，即先抛到中间，再逐渐增加难度变为左右两边，抛的高度也可以不断变化，增加学生接球的难度，让学生在平衡板上最大限度地保持平衡。

拓展训练：

1. 两人一组面对面站在两个平衡台上摇晃（手拉手）。

2. 两人互相抛接球（分别站在两个平衡台上）。

3. 站在平衡台上晃动投球。

安全事项：在学生进行活动时，教师应在学生附近，适时扶住学生，或者在学生能够保持平衡后再松手，以免学生掉落或摔倒。

项目六：蜗牛平衡板

项目名称：蜗牛平衡板

训练目标：在平衡姿势中训练学生的专注能力，趣味性高。通过训练可以使前庭器官获得大量刺激信息，矫正重力平衡，促进前庭固有体系的活化。有助于平衡反应和反射感觉进行强有力的统合，学生为求平衡所做的姿势调整，对身体姿势的强化有很大的作用。提高器官的刺激和肌肉反应张力，强化前庭感觉的发展。旋转时的身体活动，借由肌肉伸展反射信息对运动企划的养成和提高有帮助。

适应对象：3 岁或 3 岁以上有多动症、身体协调不良的学生以及下肢障碍患者、平衡能力较差者。

训练重点：让学生平稳坐于蜗牛平衡板上或双脚放置在平衡板的两侧，运用身体及脚的力量晃动平衡板。

训练器材：蜗牛平衡板、板槽小球、适合接抛的小球

训练流程：

1. 帮助小球回家。让学生先用手拿着平衡板运球，体验前后晃动平衡板，玩帮助小球回家的游戏，使小球按照板上的蜗牛轨迹行走，最终到达圆槽内。学生先观察蜗牛平衡板，了解其构造与基本运动原理。（见图 2–8–31）

图 2–8–31

2. 坐板保持平衡。让学生坐在平衡板上，教师辅助学生变换身体重心，让学生体验旋转的感觉，并左右、前后摇晃，要求学生保持身体平衡不掉落。这样做的目的是增强大脑前庭平衡觉的刺激，使学生从中体会身体变化，调节身体平衡。（见图 2–8–32）

图 2–8–32

3. 站板保持平衡。教师辅助学生站立于蜗牛平衡板上，左右摇晃，变换身体重心，使小球沿着轨迹滚动回家。此项要求增加了任务难度，前庭平衡觉的刺激进一步增强，同时又要求腿部大肌肉参与身体平衡。（见图 2–8–33）

图 2–8–33

拓展训练：抛接球游戏。在训练后期，学生能独立站立于平衡板上以后，

教师站在一定距离外，与学生进行抛接球的游戏，距离由近及远。学生不但需要保持平衡，还需要判断球的运动轨迹。有助于提高学生的注意力水平，提高运动企划能力与平衡能力。

安全事项：

1. 由于蜗牛平衡板需要有一定的平衡能力才能控制好，所以不合适 3 岁以下儿童。

2. 蜗牛平衡板是钢化塑料材质，易碎，训练时教师一定要注意保护并事先做好安全检查。

3. 蜗牛平衡板直接接触学生的脚，所以一定要定期进行清洗和杀菌。

项目七：平衡台

项目名称：摇滚跷跷板

训练目标：结合跷跷板的趣味性和维持平衡的训练性，在训练中，站姿的中心比较高，平衡不容易把握，让学生通过控制行动来保持平衡，学生为求平衡所做的姿势调整，对前庭感觉、固有感觉和视觉统和的调整有很大的帮助。

适应对象：比较多动或身体协调不良、自控能力比较差的学生。

训练重点：

1. 观察学生头、脚、手、躯体为保持平衡所做的伸展动作。

2. 增强学生的前庭感觉、固有感觉和视觉统和能力。

训练器材：摇滚跷跷板

训练流程：

1. 热身活动：请你跟我这样做

教师双手伸平，在原地保持平衡姿势，学生模仿教师动作。接下来，教师在斜面、拱形桥、凸面圆盘上做出平衡动作，学生模仿。

2. 感受摇滚跷跷板

学生站在跷跷板的平衡台上，教师在学生身后双手扶住学生，使其

保持平衡。（见图 2-8-34）

图 2-8-34

3. 摇晃摇滚跷跷板

学生站在平衡台上，教师站在其后方或侧方双手扶住学生，在学生保持平衡后，减小手扶学生的力度，缓慢摇动平衡台。（见图 2-8-35）

图 2-8-35

4. 站立摇滚跷跷板

学生站在平衡台上，教师双手不扶学生，站在学生附近，观察学生头、

脚、手、躯体为保持平衡所做的伸展姿势。（见图 2-8-36）

图 2-8-36

5. 让学生双手伸展，以保持平衡，还可以让学生闭着眼睛尝试不同的感觉，或在平衡台上慢慢移动身体，做出不同的平衡反射，对前庭系统有很大的帮助。（见图 2-8-37）

图 2-8-37

6. 在摇滚跷跷板上投球

学生在教师的辅助下站上摇滚跷跷板，在学生面前 1~1.5 米处摆放一个圆圈，学生独立站立到摇滚跷跷板上并且能保持平衡后，教师将一个海洋球递给学生，要求学生将球投掷到面前的圆圈内，并且可以一直保持平衡不从摇滚跷跷板上掉下来。教师在学生附近站立，避免学生不能保持平衡从摇滚跷跷板上摔下。（见图 2-8-38 和图 2-8-39）

图 2-8-38

图 2-8-39

拓展训练：

1. 学生站在平衡台上保持平衡，双手由水平伸平动作变换成向上伸举动作，并尽量保持平衡。

2. 学生双手伸展，以保持身体平衡，头部顶一定重量的沙包。

3. 当学生可以站在台上保持身体平衡时，教师正面传球给学生，次数和难度逐渐加强。

4. 学生在教师的搀扶下站立到摇滚跷跷板上，可以独立站立在摇滚跷跷板上并且能保持平衡后，教师在学生的正前方 1.5~2 米处出示 10 以内加减法的算式卡片，要求学生边保持平衡边计算 10 以内的加减法计算题，累计学生在摇滚跷跷板上的站立时间或学生计算正确的题数。

安全事项：

1. 清空摇滚跷跷板周围一定距离内的物品，避免学生因失去平衡跌倒造成磕碰。

2. 教师站到学生附近的位置，避免学生因不能保持平衡发生磕碰事件。

（九）踩踏车

单一功能训练项目

项目名称：踩踏车

训练目标：通过让学生站在踏板上，手扶扶手，用脚的力量踩踏，使踩踏车前进或后退，促进全身肌肉的协调发展，训练动作的控制能力，刺激前庭平衡发展，建立本体感觉和强化身体平衡能力，从而提升学习专注力。

适应对象：身体协调能力差的唐氏综合征以及有自闭症的学生。

训练重点：1. 促进学生肌肉发展。

2. 强化学生本体感觉。

训练器材：踩踏车

训练流程：

1. 热身活动：模拟踩踩踏车（学生平躺在地上，双腿抬起，两腿轮换向前蹬踢）。

2. 猜谜语：《踩踏车》

一条怪牛，四条圆腿。踩它肚子，抓它双角。

3. 踩踩踏车

训练初期手握踩踏车两侧扶手，双脚用力蹬踩，带动踩踏车走直线、走曲线。

4. 变换形式踩踩踏车

（1）体姿变化

身体直立踩踩踏车

身体半蹲踩踩踏车（见图 2-9-1）

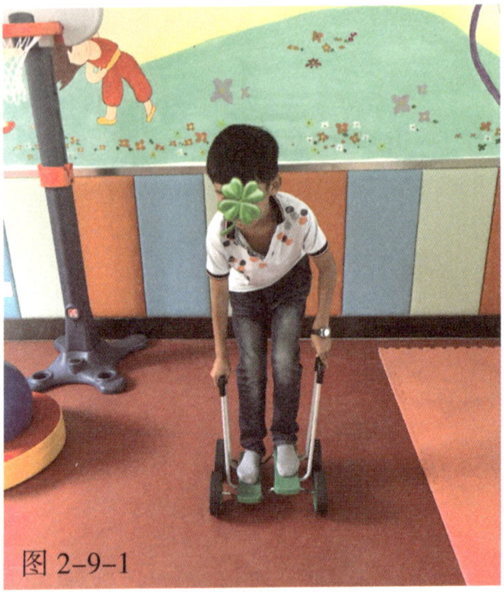
图 2-9-1

（2）方向变化

踩踩踏车前进行驶

踩踩踏车后退行驶

（3）难度变化

睁眼踩踩踏车

闭眼踩踩踏车（见图 2-9-2）

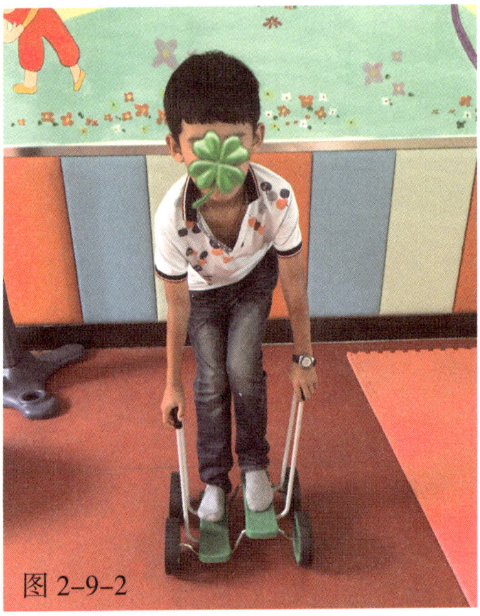
图 2-9-2

手抓扶手踩踩踏车（见图 2–9–3）

不依赖扶手踩踩踏车

图 2–9–3

拓展训练：

1. 师生配合，行进接球。学生蹬车的同时与训练人员进行传接球训练。

2. 几名学生以多种形式进行比赛，增加趣味性。

3. 两名学生各蹬一踩踏车，肩并肩，手拉手沿一定路线行进。

4. 小火车：多名学生前后间隔一定距离，一起沿一定路线行进。

安全事项：

1. 地面平坦无异物，防止学生蹬速过快造成车倒摔伤。

2. 学生的裤脚不要拖地，鞋带要系紧，以免搀入车轮摔伤。

综合功能训练项目

项目名称：踩踏车

训练目标：教师讲解踩踏车的使用方法，学生双手握住踩踏车手柄保持身体的平衡，再用脚部力量踩踏，使踩踏车前进或倒退。提高学生腰部和腿部的控制力，促进全身肌肉的协调发展，培养学生身体协调能力及平衡能力，提高自信心。

适应对象：身体平衡感觉和形象概念差、前庭感觉不佳、自控能力不佳的学生。

训练重点：1. 增强学生身体的协调性。

2. 提高学生自信心。

3. 增强学生的平衡能力。

训练器材：平衡踩踏车

训练流程：

1. 热身活动：大风吹

现场所有学生手牵手围成一个大圈，教师站在圈内开始喊口令：“大风吹，吹大风，吹穿白色衣服的（从学生身上找特征）……”，所有学生围着教师转动，听到“吹穿白色衣服的”时，穿白色衣服的学生立刻进行位置互换，其他学生位置不动。（重复或站错的学生都将受到惩罚，现场表演节目）

游戏意义：一是吸引学生兴趣，提高注意力；二是训练学生的反应能力；三是通过热身活动，可以活络筋骨。

图 2-9-4

2. 前行训练

（1）直线练习

准备：教师在训练场地画一条直线，或用其他器具摆成一条直线。

过程：学生双手握住踩踏车手柄，保持身体平衡，再用脚部力量踩踏，使踩踏车向前行进。注意刚开始活动的时间不宜过长，根据学生具体情况灵活调整。当学生掌握技巧后，教师可让学生在行进过程中完成指定任务，如行进取物、行进投球等。在训练学生身体协调与平衡性的同时训练学生的手眼协调能力。（见图 2-9-4）

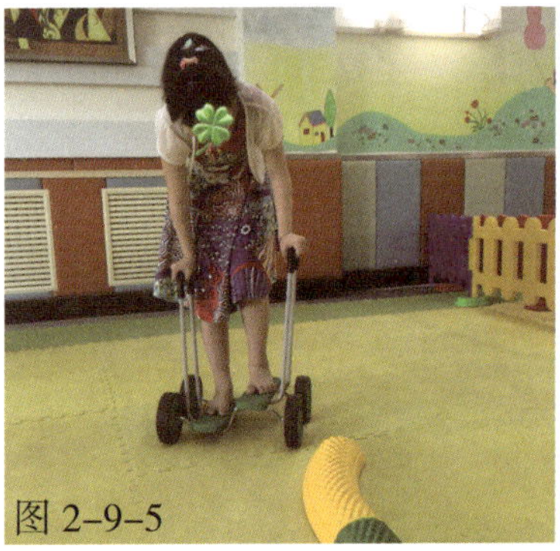
图 2-9-5

（2）曲线练习

准备：教师在训练场地画一条曲线，或用其他器具摆成一条曲线。

过程：学生双手握住踩踏车手柄，保持身体平衡，用脚部力量踩踏，使踩踏车沿曲线行进。（见图 2-9-5）

当学生掌握技巧后，教师可让学生在行进过程中完成指定任务，如行进取物、行进投球等。在训练学生身体协调与平衡性的同时训练学生的手眼协调能力。

3. 倒退训练

（1）直线练习

准备：教师在训练场地画一条直线，或用其他器具摆成一条直线。

过程：学生双手握住踩踏车手柄，保持身体平衡，用脚部力量踩踏，使踩踏车向后倒退。

（2）曲线练习

准备：教师在训练场地画一条曲线，或用其他器具摆成一条曲线。

过程：学生双手握住手柄，保持身体平衡，用脚部力量踩踏，使踩踏车沿曲线向后倒退。

拓展训练：

1. 竞技比赛

（1）多名学生竞技比赛，看谁的动作既准又快。在整个过程中，教师要提醒学生注意安全。

（2）接力比赛。学生分为两组，一组2~3人，在踩踏车上完成接力比赛。

2. 过独木桥

学生双手握住踩踏车手柄，保持身体平衡，用脚部力量踩踏，使踩踏车通过独木桥。

安全事项：

1. 学生在踩踏车上的身体重心不宜太高，太高会影响身体的平衡。

2. 学生在前行或后退过程中，双脚要保持用力均匀，尽可能保持平稳的速度前行。

（十）攀岩

单一功能训练项目

项目名称：攀岩

训练目标：学生手脚并用进行攀爬训练，通过手与脚的配合增进学生大肌肉的发展，提高身体协调能力，增强各部分的肌肉力量。

适应对象：身体协调能力差的学生，四肢力量比较好的学生，力量差的学生需要先行在原地进行力量训练。

训练重点：1. 增强触觉。

2. 锻炼身体协调性。

训练器材：攀岩

训练流程：

1. 热身活动：请你跟我这样做

伸出你的小手，拍一拍。

伸出你的小脚，踩一踩。

伸出你的小手，拍一拍。

伸出你的小脚，踢一踢。

2. 儿歌《小小攀岩家》

我是小小攀岩家，趴在悬崖像只壁虎；

我是小小攀岩家，手上有劲脚下有力；

我是小小攀岩家，不惧危险勇攀高峰。

3. 向上攀岩

学生双脚站在地面上，双手手掌握住攀岩墙上的攀岩支点，当一只手向上寻找支点时，双脚配合寻找支点，当身体保持平衡后，再次寻找支点，向上攀登。（见图 2-10-1）

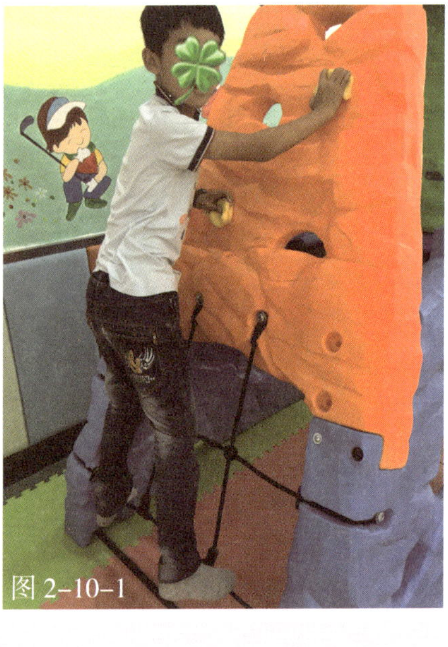

图 2-10-1

4. 横向攀岩

学生双脚站在地面上，双手手掌握住攀岩墙上的攀岩支点，当一只手向右或向左寻找支点时，双脚也按照同一方向配合寻找支点，当身体保持平衡后，再次寻找支点，向左或向右攀登。

5. 轻松攀岩

攀岩时，要求学生在身体稳定的时候抬起一只手或一只脚。（见图 2–10–2）

图 2–10–2

6. 趣味攀岩

学生进行攀岩的时候，在一定的高度放置一个气球，让学生试着用手触碰气球。（见图 2–10–3）

图 2–10–3

拓展训练：

1. 可以选择几名学生一起进行比赛。

2. 学生在进行攀岩时，教师制定指定路线，每次攀岩时都进行计时。

安全事项：

1. 学生攀岩时，尽量做好安全防护措施，教师要在身边时刻进行保护。

2. 要确保学生肌肉有一定的力量后，才可选择攀岩项目。

综合功能训练项目

项目名称：攀岩

训练目标：攀岩过程中健全学生肌肉的发展，增强手、眼、身体的协调性，促进本体觉和平衡能力的发展。

适应对象：平衡感不足、手眼脚不协调的学生。

训练重点：

1. 健全学生肌肉的发展。

2. 增强学生手、眼、身体的协调性，促进本体觉和平衡能力的发展。

训练器材：攀岩墙

训练流程：

1. 热身活动：请你跟我这样做

教师带领学生一起做《动物热身操》。（播放背景音乐）

小鸟飞，飞啊飞，拍拍翅膀飞啊飞；（上肢运动）

小鸭走，走啊走，摇摇摆摆走啊走；（下肢运动）

小蛇爬，爬啊爬，左扭右扭爬啊爬；（腰部运动）

小象走，走啊走，甩甩鼻子走啊走；（俯背运动）

小马跑，跑啊跑，嗒嗒嗒嗒跑啊跑。（跳跃运动）

2. 蹲下起立

学生双手握住攀岩绳索，做蹲下和起立的动作，重复十次，每个蹲下和起立的动作都要做到位，以此训练学生的腿部肌肉力量。学生也可以选择双手扶住攀岩墙的把手进行蹲下和

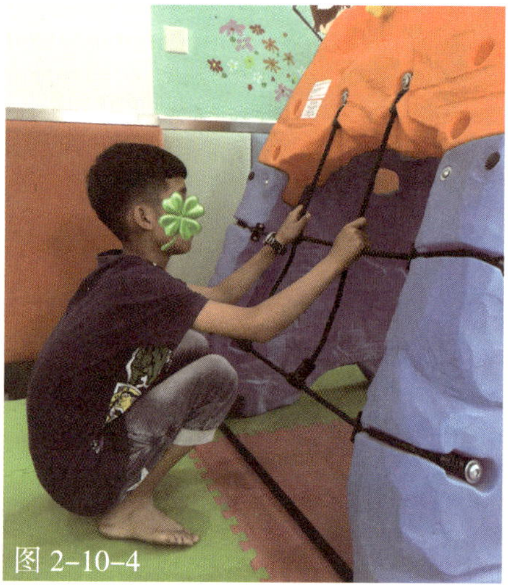

图 2-10-4

起立的动作。（见图 2–10–4）

3. 探寻宝藏

教师在攀岩道具的内部（地面或墙壁上）藏一些学生喜欢的小东西，如：粘贴、小玩偶、小红旗、各种小球等，在岩壁的外面可以看见也可以看不见。学生在攀岩外侧站立，教师告知学生“攀岩内部有宝藏，快去找找吧”。学生在攀岩外侧根据自己身体范围来选择自己能进入攀岩内部的入口，可以选择从绳索网格处进入，也可以从攀岩壁的洞口进入。学生找到宝藏后，教师就将该宝藏奖励给学生。（见图 2–10–5）

图 2–10–5

4. 你追我赶

这一环节需要两名学生共同完成。教师指导学生围绕攀岩道具的内外进行你追我赶的游戏。一名学生先进入攀岩内部，另一名学生在攀岩外部寻找适当的入口去追赶前一名学生，直到前一名学生被抓住为止。若抓住了，则双方互换角色，继续进行游戏。（见图 2–10–6）

图 2–10–6

5. 伸手摘星星

学生学会正确抓握支点姿势后进行此项活动。教师在学生向上攀爬两步的位置粘上一颗星星的图片，学生抓握支点向上爬，伸出一只手摘下这

图 2–10–7

颗星星。（见图 2–10–7）

6. 螃蟹探险

教师在攀岩墙上贴上学生喜欢的各种图片、玩偶等小物件。学生双手握住支点，双脚用力蹬住攀岩墙，在攀岩墙上横着攀爬（见图 2–10–8）。在攀爬过程中摘下攀岩墙上的小物件，可作为对自己的奖励。

图 2–10–8

7. 攀登高峰

教师在攀岩墙顶端放上一面旗帜。学生双手双脚并用向上攀爬，攀爬到顶峰后夺下旗帜，代表占领高地。（见图 2–10–9）

图 2–10–9

拓展训练：

1. 制定攀岩路线攀爬，如直接单面攀爬到高峰、围绕攀岩墙壁一圈进行攀爬。

2. 两名学生进行攀岩比赛。

3. 除了攀岩，这个器械还可以做藏一藏、找一找的活动。

安全事项：学生在攀岩之前一定要穿戴好防护装备；教师全程保护、监督学生的安全。如果没有防护措施，必须将攀岩道具周围铺设好可以缓冲的保护装置。

（十一）四分之一圆

单一功能训练项目

项目名称：四分之一圆

训练目标：走不同形态的四分之一圆，提高脚部的感知能力。

适应对象：触觉敏感或不足、身体协调不良，有自闭症、多动症的学生。

训练重点：提高学生的触觉感和敏感性。

训练器材：四分之一圆

训练流程：

1. 热身：《小手小脚》

小手小手拍拍，我的小手伸出来。小手小手拍拍，我的小手举起来。

小手小手拍拍，我的小手藏起来。小手小手拍拍，我的小手摸摸脚。

小脚小脚踏踏，我的小脚踮起来。小脚小脚踏踏，我的小脚踢起来。

小脚小脚踏踏，我的小脚跳起来。小脚小脚踏踏，我的小脚踏起来。

2. 教师先让学生接触四分之一圆，询问学生触摸四分之一圆有什么感觉，增强学生对四分之一圆的感知。

3. 为了强化脚部感知能力，训练前教师和学生脱掉袜子，教师边讲解边演示站立于由四分之一圆组成的圆环上的动作要求，右脚先上圆环的侧面，左脚踩在右脚的前面，两手慢慢侧平举，双臂用力绷直，掌心向下，身体保持直立，收腹挺胸，放松，均匀呼吸，眼睛注视脚下。教师辅助学生完成操作动作。此过程中要注意学生的安全，避免学生摔伤。教师辅助学生左脚踩到右脚的前面，形成右脚脚尖抵左脚脚跟的姿势，两脚交替向前进行。教师辅助学生，直到学生可以掌握平衡，独立行走。（见图 2–11–1）

图 2–11–1

图 2–11–2

4. 学生尝试独自走完圆环，开始时学生慢行走完圆环一圈，再试着加快速度行走一圈，最后快速走完一圈。每次行走完一圈后，要让学生从圆环上下来，与教师分享行走体会，教师帮助学生分析体验，鼓励学生要勇敢前行。

5. 用四分之一圆拼接成半圆和 S 形，学生尝试独自走完轨道，并试着在半圆上转身，重复 2~3 次即可。学生每走完一次要从轨道上下来，与教师分享体会。（见图 2–11–2）

拓展训练：

1. 用四分之一圆拼接成拱桥，让学生试着走拱桥。

2. 学生躺在倒放的拱形半圆上，做放松训练，用脚推动半圆，小幅度摇晃，感受来自背部的按摩。

安全事项：

1. 练习幅度逐步增加，练习动作由简单到复杂，消除学生的紧张情绪。

2. 操作过程中教师一定要保护好学生的安全，避免学生摔伤。

综合功能训练项目

项目名称：四分之一圆

训练目标：

1. 强化皮肤、大小肌肉关节神经感应，辨识感觉层次，调整大脑感觉神经的灵敏度。

2. 强化触觉神经、关节信息，促进左右脑健全发展。

3. 增强学生四肢的协调性。

适应对象：

1. 注意力不集中、好动不安、没有自制力、经常剧烈跑动、寻求强烈刺激的学生。

2. 有胆小、爱哭、易冲动、自信心不足等心理障碍的学生。

3. 行动不协调、常磕磕碰碰、动作笨拙、身体灵活度不足、姿态不正、双侧协调不佳、多动、爱主动招惹他人、语言发展迟缓、视觉空间不佳、阅读困难、自信心不足、注意力不集中、容易跌倒、方向感不明、学习能力以及习惯培养不起来的学生。

训练重点：帮助学生在 S 形、半圆形的四分之一圆的正面及侧面进行行走和攀爬训练。

训练器材：不同形态的四分之一圆

训练流程：

1. 伴随轻柔的音乐，让学生踩着脚印按摩贴走圈。通过定点行走训练，使学生在缓和的环境中稳定情绪，与学生沟通，鼓励学生积极体验。

任务难度按层次提高。（见图 2–11–3）

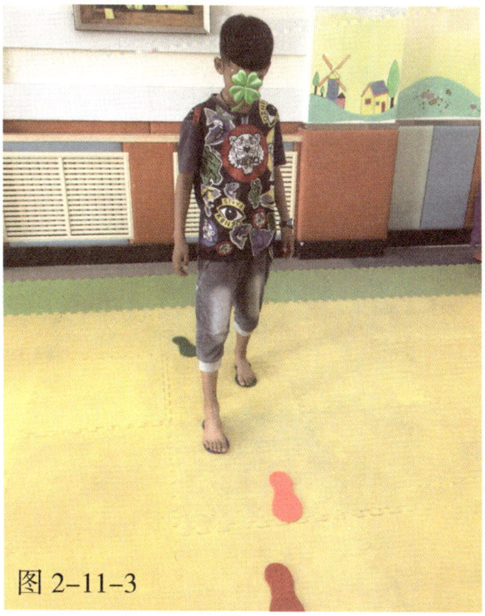

图 2–11–3

2. 连接按摩贴的是四分之一圆的侧面拼成的半圆形路线和 S 形路线，教师先让学生接触训练器材，讲解行走方法和要求，并做示范，辅助学生完成走半圆拱桥和 S 形拱桥的侧面。学生腿部大肌肉参与活动，可以提高肌肉及关节的稳定性，发展学生处于一定高度时的身体平衡能力。（见图 2–11–4）

图 2–11–4

3. 投球游戏（把羊角球或体积类似的球投进圆范围内）。在学生比较感兴趣的游戏中，发展学生的有意注意。（见图 2–11–5）

图 2–11–5

4. 打害虫游戏(塑料保龄球瓶放在 4 个四分之一圆围成的圆形范围内，将球从栏柱的缝隙中投进）。（见图 2–11–6）

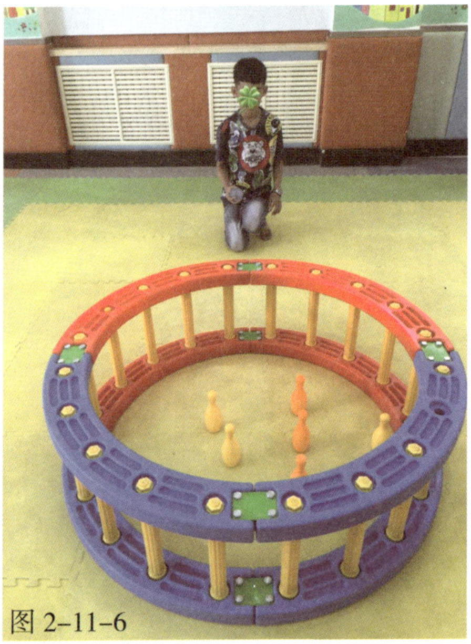

图 2–11–6

5. 辅助学生走拱形四分之一圆的正面和 S 形四分之一圆的正面。让学生在高重心位学习躯体姿态调节和平衡控制，消除紧张感和恐惧感。（见图 2–11–7 和图 2–11–8）

图 2–11–7

图 2–11–8

6. 定点投篮。让学生站在四分之一圆拼成的整圆上，定点投篮。这个项目要求学生平稳站立的同时，瞄准篮筐投篮。有助于发展学生的注意力水平和运动企划能力。（见图 2–11–9）

图 2–11–9

7. 双人抛接球。学生站在四分之一圆拼成的整圆上，与教师进行抛接球的游戏。任务难度进一步提高。（见图 2-11-10）

图 2-11-10

拓展训练：

1. 躺在倒放的拱形半圆上，放松训练，用脚推动半圆，小幅度摇晃，感受来自背部的按摩。

2. 手脚并用地攀爬 S 形的圆弧。

3. 在圆圈范围内，抛、接物品。

安全事项：

1. 走桥过程中教师应根据情况随时准备扶住学生，以免发生因站不稳而滑倒、磕碰的现象。

2. 投球过程中，球的质量、体积和投的力度应在安全范围内。

3. 桥两边不要摆放任何物品。

（十二）羊角球

单一功能训练项目

项目名称：羊角球

训练目标：通过羊角球训练，强化学生的姿势反应和双侧的统合，促进运动企划能力发展。发展学生的下肢力量，强化前庭刺激。

适应对象：触觉敏感或不足、身体协调不良，有自闭症、多动症的学生。

训练重点：通过羊角球活动，发展学生的下肢力量，强化前庭刺激。

训练器材：羊角球

训练流程：

1. 热身：《小手小脚》

小手小手拍拍，我的小手伸出来。小手小手拍拍，我的小手举起来。

小手小手拍拍，我的小手藏起来。小手小手拍拍，我的小手摸摸脚。

小脚小脚踏踏，我的小脚踮起来。小脚小脚踏踏，我的小脚踢起来。

小脚小脚踏踏，我的小脚跳起来。小脚小脚踏踏，我的小脚踏起来。

一二三四，一二三四，一二三四，一二三四。

2. 感知羊角球

可以让学生抚摸羊角球，双手抱一抱羊角球，双手用力压一压羊角球，用手拍一拍羊角球，从而增强学生对羊角球的感知。

3. 让学生坐在羊角球上，双手握住把手，保持身体平衡，尽量向下用力把球坐扁，再借助球的弹性上下振动。（见图 2–12–1）

图 2–12–1

4. 让学生坐在羊角球上，双手握住把手，身体自然弯曲，双脚蹬地往前跳，同时用手握紧羊角球的把手，带动羊角球随身体一起往前移动。学生掌握此方法后，可试着向后移动。（见图 2–12–2）

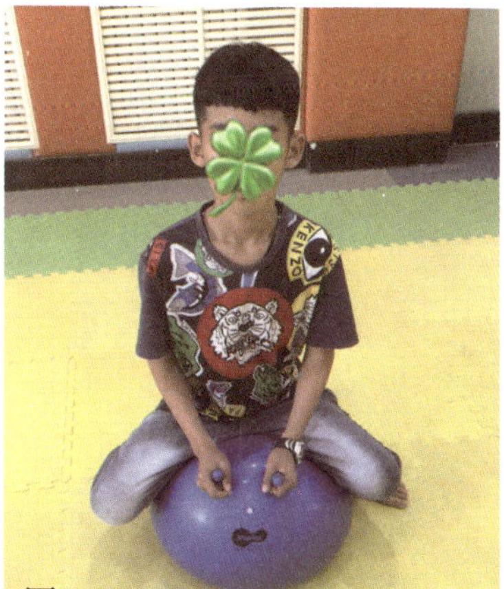

图 2–12–2

5. 让学生坐在羊角球上，双手握住把手，身体自然弯曲，双脚蹬地往前跳，同时用手握紧羊角球的把手，带动羊角球随身体一起左右移动。（见图 2–12–3）

图 2-12-3

拓展训练：

1. 弹跳高度可以随时调整。

2. 可以让学生比跳的次数和速度（跟自己比），从而建立自信心。

安全事项：

1. 练习幅度逐步增加，练习动作由简单到复杂，消除学生的紧张情绪。

2. 操作过程中教师一定要保护好学生的安全，避免学生摔伤。

综合功能训练项目

项目名称：跳跳羊角球

训练目标：通过坐、骑、跳、拍羊角球，锻炼学生的运动能力、平衡能力和协调能力。

适应对象：平衡感不足以及有多动症、自闭症的学生。

训练重点：1. 培养身体的灵敏性、平衡和控制力。

2. 增强下肢力量。

训练器材：羊角球

训练流程：

1. 热身活动：请你跟我这样做

教师带领学生一起做《动物热身操》。（播放背景音乐）

小鸟飞，飞啊飞，拍拍翅膀飞啊飞；（上肢运动）

小鸭走，走啊走，摇摇摆摆走啊走；（下肢运动）

小蛇爬，爬啊爬，左扭右扭爬啊爬；（腰部运动）
小象走，走啊走，甩甩鼻子走啊走；（俯背运动）
小马跑，跑啊跑，嗒嗒嗒嗒跑啊跑。（跳跃运动）

2. 骑羊跳

教师指导学生坐在羊角球上，学生双手握住把手，身体自然弯曲，双脚蹬地往前跳动，同时用手握紧羊角球的把手，带动羊角球随身体一起往前移动。可以一名学生跳，也可以多名学生进行比赛，看谁跳得多。（见图 2–12–4）

图 2–12–4

3. 骑羊赛跑

学生在学会骑羊跳的基础上进行。运用骑羊跳的运动要领，几名学生站在同一起跑线上，规定距离往返若干次，在教师的指令下同时出发，最先到达终点的学生获胜。（见图 2–12–5）

图 2–12–5

4. 骑羊过小河

教师事先在地上铺设不同颜色的贴纸，让学生骑着羊角球在贴纸上跳，类似于过河，中间放置可以落脚的鹅卵石。教师告知学生：“同学们，我们要骑羊过小河了，你们面前彩色的石板是我们过河的小路，请踩着石板过河。”（见图 2–12–6）

图 2–12–6

5. 骑羊躲地雷

学生在学会骑羊跳的基础上进行。教师在地上放几个小布包作为地雷，让学生在规定距离内躲避地雷跳跃。以使

跳动的方向做前后左右和旋转的变化。（见图 2-12-7）

6. 骑羊跳火海

教师在地面铺上黄、红相间的跑道，红色代表火海，黄色代表陆地，学生要骑羊角球在黄色地面上跳跃，跳到红色地面上即代表落入火海中。教师对学生说：“同学们，我们前面有一片火海，黄色的陆地在你们的眼前，我们要踩着黄色的陆地才能通过这片火海，注意不要跳到红色的火海中。老师给大家做个示范。”教师示范后学生依次通过。

图 2-12-7

拓展训练：

1. 学生之间可以两人骑羊角球互相碰撞。

2. 学生可以横跨在两个羊角中间，双手前后握住两只羊角进行跳跃。教师可以规定距离。

3. 学生尽可能向下坐，看谁能弹跳得更高。

安全事项：

1. 学生在开始学习骑羊角球时，教师要在学生背后把住学生的双肩，给学生一个向下的力，让学生体会羊角球的玩法。

2. 在活动过程中教师全程注意学生的安全，以防摔倒。

3. 针对腿部力量不足的学生，开课前或每节课前，先要进行腿部肌肉力量训练，简单的有蹲起动作，自主的蹲起训练和在教师或其他器械辅助下的蹲起。

三、综合训练项目设计

（一）不倒翁

项目名称：不倒翁

训练目标：

1. 感统目标：通过在大龙球上掌握平衡，学生能够体会各方向动作和速度的变化，能够强化各部位触觉、大脑的协调能力以及脑干机能。

2. 认知目标：学生能够数出 1~5 这 5 个数字。

适应对象：触觉敏感或不足、身体协调不良，有自闭症、多动症的学生。

训练重点：1. 学生的前庭固有感觉得到强化。

2. 触觉神经及身体重力的敏感反应得到提高。

3. 学生身体的协调性得到增强。

训练器材：颗粒大龙球、大龙球、花生球、海洋球池、玩具

训练流程：

1. 播放音乐《幸福拍手歌》，学生随音乐进行律动，当出现拍拍手、拍拍肩和跺跺脚的指令时，学生按照相应的指令做动作，充分调动学生的情绪。

2. 观察玩具不倒翁，说一说不倒翁的特点，学生模仿不倒翁做左右摇摆的动作。

3. 游戏：谁是平衡小高手

教师和学生共同抬起右脚，双臂伸展，保持平衡，学生报数 1~5 后恢复站立姿势。然后抬起左脚，同样由学生进行 1~5 的报数，再恢复站立姿势。

4. 俯卧颗粒大龙球

学生俯卧在颗粒大龙球上，头部微抬，教师抓住学生双脚脚腕，向上抬起，让学生在颗粒大龙球上保持平衡。然后握住学生脚腕前后推拉，帮助学生在大龙球上前后滚动，感受快慢的变化。（见图 3–1–1）

图 3–1–1

5. 坐大龙球

教师协助学生坐在大龙球上，扶住学生双手或腰部帮其保持平衡，做前后、左右摇晃或上下振动的动作。待学生找到平衡后，教师慢慢放手，让其自己保持平衡。（见图 3–1–2）

图 3–1–2

6. 骑坐花生球

教师协助学生坐在花生球上，扶住学生双手或腰部帮其保持平衡，做左右轻轻摇摆的动作，待学生找到平衡后，教师慢慢放手，让学生自己左右摇摆。（见图 3–1–3）

图 3–1–3

7. 学生俯卧或仰卧在地上，教师将花生球放在学生身上，由脚部往头部方向滚动，到头顶后再滚回来。滚动的同时可以轻轻按压花生球，让学生感受压力。（见图 3-1-4）

图 3-1-4

8. 学生站在球池旁，教师进行放松疏导，待学生适应后，让其跳入球池内，将身体全部藏入球池中，感受球的挤压。学生可以躺在球池中摆动手、脚等身体各部位，也可以站在球池中双脚踏步，感受不同的重力感。（见图 3-1-5）

图 3-1-5

拓展训练：

1. 躲避花生球。师生相对站立，教师把花生球轻轻抛向或弹向学生，让学生练习躲避或体会碰撞，也可以让学生把花生球抛向教师，如此交替进行。

2. 海中探宝。首先进行师生互动，进行抛接球活动，然后教师在海洋球池中放置学生喜欢的动物玩具，请学生在球池中自由寻找并感受挤压，找到动物玩具后，说出相应的动物名称。

安全事项：

1. 教师要注意辅助学生在大花生球上保持平衡，避免从器械上摔下来。

2. 游戏前先让学生熟悉球的弹性和特点，再进行活动。

（二）穿越障碍

项目名称：穿越障碍

训练目标：

1. 感统目标：学生通过脚的踩踏使车子前进或后退，能够促进其腿部肌肉的发展，提高身体协调能力和平衡能力，刺激学生的双脑分化与关节的灵活协调。

2. 认知目标：学生能够说出物体表面的形状，如长方形。

适应对象：四肢协调性较差、腿部肢体力量较弱以及有自闭症、多动症的学生。

训练重点：

1. 学生的平衡能力得到增强。

2. 有助于学生良好自我视觉及视觉空间的形成。

3. 学生四肢的协调性得到提高。

训练器材：楼梯、踩踏车、滑板

训练流程：

1. 播放音乐《健康歌》，让学生跟随音乐，模仿教师动作进行律动，调动学生情绪。

2. 准备活动，学生左、右腿分别交替抬高，速度由慢变快。

（1）教师站在学生前面，伸出双臂或双手的拇指让学生抓住，拉学生上下楼梯。

（2）教师将左手手臂或拇指抬高，右手手臂或拇指放在学生右侧腰间的位置，让学生在搀扶下自己平衡用力上下楼梯。

（3）教师伸出左手手臂或拇指搀扶学生上下楼梯。

（4）让学生独自上下楼梯。

图 3–2–1

3.（1）学生俯卧于滑板上，双腿向上弯曲，双脚掌抵住墙壁用力蹬，使身体及滑板往前冲。（见图 3–2–1）

（2）在学生前方放置积木块，让学生说说自己看到的一个面是什么形状，然后让学生俯卧于滑板上，脚蹬墙往前冲，用双手推开积木块。

（3）在学生前方放置积木块，教师给出指令，让学生俯卧于滑板上，脚蹬墙往前冲，用手去拿相应形状的积木块。

图 3–2–2

4. 学生采取站立位，双手握住踩踏车两侧扶手，双脚交替用力蹬，带动踩踏车前进或后退。（见图 3–2–2）

学生带动踩踏车前进至教师面前，和教师击掌，然后再返回起始位置。

图 3–2–3

5. 学生熟悉踩踏车的基本使用方法后，双手保持侧平举姿势，教师扶住学生双臂，学生双脚用力蹬踩踏车前行。教师可逐步放手，让学生逐渐不依赖外部力量，双手侧平举，保持身体平衡，双脚用力蹬踩踏车前行。（见图 3–2–3）

师生互动，教师手拿球，学生说出球的颜色，说对后教师向学生抛球，学生双脚用力蹬踩踏车前行，双手接球。

6. 综合训练——穿越障碍

学生从起始位置蹬踩踏车出发，用有弹性的绳子在学生前方设置障碍，绳子离地面要有一定的高度。学生将踩踏车蹬到障碍处后停下，走下踩踏车，抬高腿部跨过障碍绳，捡取玩具，然后按原路蹬踩踏车返回。必要时教师可以用手扶托学生的腿使其抬高，辅助学生跨绳。

拓展训练：

1. 多名学生同时进行蹬踩踏车游戏，进行比赛，看谁先到达终点。

2. 用积木围成一条曲折变化的通道，让学生俯卧在滑板上，顺着通道的方向滑行前进。

安全事项：

1. 教师在学生进行蹬踩踏车训练时，注意防止学生因蹬车速度过快而摔倒。

2. 提醒学生注意脚下的绳子，避免绊倒。

（三）大龙球上分颜色

项目名称：大龙球上分颜色

训练目标：

1. 感统目标：学生能够在大龙球上掌握平衡并进行一系列活动，发展平衡能力，体会各方向动作和速度的变化，调节学生触觉敏感或迟钝的问题。

2. 认知目标：在游戏中理解数学的分类思想，初步培养学生在生活中应用分类解决问题的能力，培养学生的秩序感。

适应对象：触觉敏感或不足、身体协调不良，有多动症、自闭症的学生。

训练重点：

1. 学生单一分类能力得到锻炼。

2. 调节学生不正常的触觉阈限。

3. 学生的平衡能力得到发展。

训练器材：

1. 大龙球

2. 红、蓝、绿容器各 1 个，其他颜色容器 1 个

3. 红、蓝、绿三色海洋球各 5 个

训练流程：

1. 认知准备

（1）教师引导学生观察并认识大龙球，对比认识海洋球。

（2）观察海洋球的颜色，有蓝色、绿色、红色三种。

（3）将三色海洋球放置在对应颜色的容器中。（见图 3–3–1）

图 3–3–1

2. 活动准备

（1）站立投球

学生从混合颜色的大容器中拿取海洋球，然后站立投掷到相应颜色的容器中。（见图 3–3–2）

图 3–3–2

（2）俯趴大龙球

学生俯趴在大龙球上，教师两只手抓住学生两个脚腕，在大龙球上做前后左右旋转的动作。若学生初次接触大龙球比较害怕或学生平衡能力不佳，教师可以一只手抓住学生的两个脚腕，另一只手扶住学生腰部做训练动作。（见图 3–3–3）

图 3–3–3

（3）学生俯趴在大龙球上，前方放置一个海洋球（放置在学生向前滚动时手可触及的位置），让学生抓取。

3. 正式活动

（1）将大龙球、盛有 15 只海洋球的大容器和三色容器依次摆在地上。根据学生身高、臂长及投掷能力进行器具的摆放。（见图 3–3–4）

图 3–3–4

（2）学生俯趴在大龙球上，教师双手握住学生的脚腕，向前方滚动大龙球，使学生能拿到前方大容器里的海洋球。（见图 3–3–5）

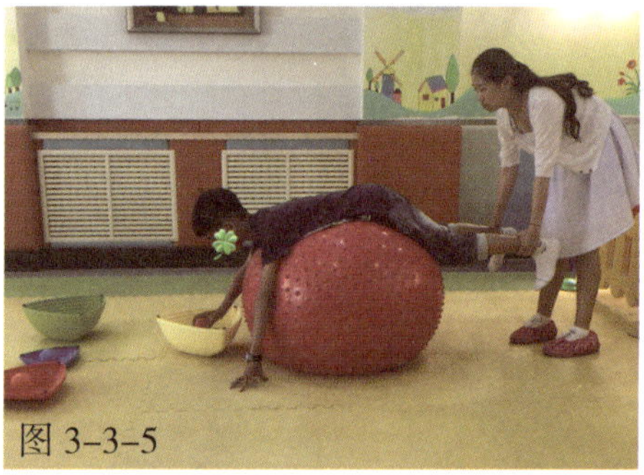

图 3–3–5

（3）学生俯趴在大龙球上，教师双手握住学生的脚腕，向后方滚动大龙球，学生将手中的海洋球投入相应颜色的容器内。（见图 3–3–6）

图 3–3–6

（4）将大容器内所有海洋球进行颜色分类，因投掷不准散落在地上的海洋球由学生捡起放回大容器内。

拓展训练：大龙球上玩具分类

训练器材：大龙球、3 个汽车类玩具、3 个毛绒玩具、3 个木质玩具

正式活动：学生俯趴在大龙球上，教师双手握住学生的脚腕。将 9 个玩具以扇形的方式排列并摆在大龙球前面，在大龙球两侧各放置一个空的容器。然后教师发出“找到小汽车”的指令，并向前后或左右滚动大龙球，让学生抓到相应玩具并放到左侧的容器中。再发出“找毛绒玩具”的指令，让学生抓到相应玩具并放到右侧的容器中。完成后，让学生说一说左、右两侧容器里及剩下的玩具各是什么。

安全事项：教师应控制好大龙球滚动的力度和速度，避免学生受伤。

（四）独木桥综合练习

项目名称：独木桥综合练习

训练目标：

1. 感统目标：通过在独木桥上穿衣服、横走、倒走、爬走、跨越等活动，调节学生本体感，发展身体平衡能力，促进左右协调，提高肌耐力和走路的平稳性。

2. 认知目标：学生能够提高自理能力，会自己穿衣物。

适应对象：本体感不佳、平衡力较差、患脑瘫、有自闭症、有多动症、身体协调不良的学生。

训练重点：

1. 学生的自理能力得到锻炼。

2. 调节学生的本体感。

3. 学生的平衡能力得到发展 。

训练器材：

1. 衣服 1 件

2. 平衡木 1 组（4 个）

3. 套圈 3 个

4. 奖品若干

训练流程：

1. 创设情境

教师为学生准备了小礼物，但是学生与礼物之间有一条很宽的大河，学生要穿过眼前这四座独木桥才能拿到礼物。

第一座独木桥是穿衣桥，桥的中间有一件衣服，前面天气很冷，所以需要学生穿上衣服通过。

第二座独木桥是窄桥，学生需要侧身横着走过。

第三座独木桥是太阳桥，因为桥头有一个大大的太阳，很刺眼，所以学生要倒着走过去。

第四座独木桥是矮桥，这座桥很矮，需要学生爬过去。

每座桥之间有一段空隙，需要学生跨越。河里有很多鳄鱼，若是从独木桥上掉落，则要回到起点重新出发。

2. 活动准备

教师演示过四座桥的方法，学生在备用桥上练习横走、倒走、爬行，待学生准备好后，正式开始活动。

3. 器具摆放

教师将衣服放在第一座独木桥中间，其他三座独木桥一字排开，独木桥之间留出适当空隙，在矮桥终点放三个套圈做荷叶。（见图 3-4-1、图 3-4-2 和图 3-4-3）

图 3-4-1

图 3-4-2

图 3-4-3

4. 正式活动

（1）学生走到第一座独木桥的中间，蹲下拿起衣服，慢慢站起。（见图 3-4-4）

图 3-4-4

（2）在独木桥上站稳后，进行穿衣活动。（见图 3-4-5）

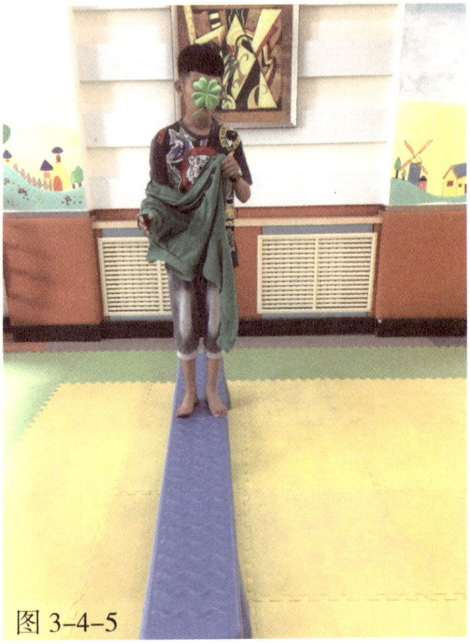

图 3-4-5

（3）穿好衣服后继续进行走独木桥活动，到桥尾后跨过桥与桥之间的空隙，来到窄桥。（见图 3-4-6）

图 3-4-6

（4）学生在窄桥上横走，横走时双臂侧平举保持平衡，慢慢过桥。（见图 3–4–7）

图 3–4–7

（5）到达太阳桥后学生保持双臂侧平举的动作，慢慢转身，双脚交替后退行走，快到桥尾时教师要及时提醒学生，也可以把手放在学生背后，并进行鼓励，给予学生动力与安全感。（见图 3–4–8）

图 3–4–8

（6）学生在矮桥桥头慢慢蹲下，做爬行姿势，向前爬行到达桥尾。（见图 3–4–9）

图 3–4–9

（7）从矮桥下来后，学生双脚跳过三片“荷叶”，拿到奖品。（见图 3–4–10）

图 3–4–10

拓展训练：

1. 学生在独木桥上穿裤子或袜子。

2. 学生在独木桥上与教师抛接球。

3. 学生走高低双桥。

安全事项：要注意学生的安全，在穿衣时做好保护，避免学生从独木桥上跌落下来摔倒或崴脚。

（五）滚筒取积木

项目名称：滚筒取积木

训练目标：

1. 感统目标：学生在滚动中能够强化手、肘、肩、膝等关节的固有感觉输入，以及前庭系统的刺激和调整，通过头部的转动促进眼肌的成熟。

2. 认知目标：学生能够在游戏中认识圆形、方形、三角形，提高观察力和记忆能力。

适应对象：本体感不佳、触觉敏感、患脑瘫、有自闭症的学生。

训练重点：1. 学生分辨图形的能力得到强化。

2. 调节学生不正常的触觉阈限。

3. 学生的前庭觉得到发展 。

训练器材：1. 滚筒

2. 三角形、方形、圆形积木若干

3. 三角形、方形、圆形卡片各 1 张

训练流程：

1. 教师播放滚筒视频，引导学生认识滚筒。

2. 活动准备

（1）学生爬进筒内，教师指导学生将手指和手臂张开，保护头部，同时颈部用力支撑头部，不要把头靠在筒壁上。教师轻轻推动滚筒转动，可来回小幅转动，也可先顺着一个方向慢速转动若干圈后，稍作停顿，再往相反的方向转动若干圈。（旋转速度不能太快，以免刺激过强，造成学生呕吐、眩晕、拒绝参加等）

（2）学生将头伸出滚筒外，颈部用力，抬起头，双手扶滚筒壁，教师转动滚筒时，学生身体逆着滚筒转动的方向进行转动，以保护头部。（见图 3-5-1）

图 3-5-1

（3）能力较强的学生可自行在滚筒内转动，带动滚筒滚动，教师在旁边进行保护。

3. 认知准备

教师将滚筒立起，并将三种形状的积木放到滚筒内。学生进入滚筒，教师先出示一张三角形卡片，学生在滚筒内找到相应的三角形积木。教师再依次出示圆形、方形卡片，学生在滚筒内找到相应形状的积木。由于积木是立体的，教师需引导学生说出积木的哪一个面与卡片中的图形相符。（见图 3-5-2）

图 3-5-2

4. 正式活动

（1）器具摆放：教师沿着滚筒运行轨迹放置积木，距离为当滚筒转动时学生可以伸手拿到积木。（见图 3-5-3）

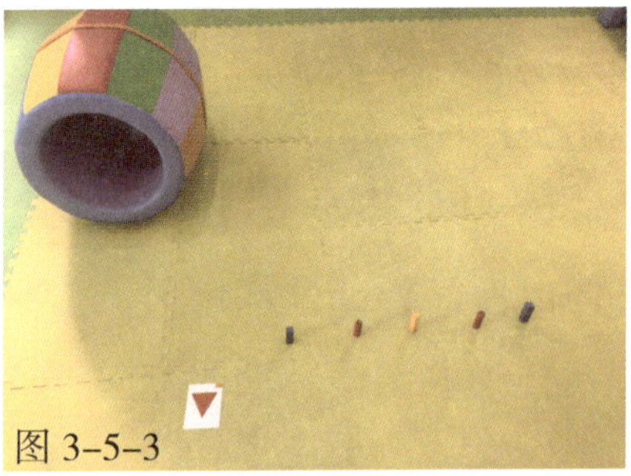

图 3-5-3

（2）教师出示三张卡片，学生抽取其中一张，并记住卡片上的图形。学生快速爬进滚筒，教师慢慢推动滚筒。（见图 3–5–4）

图 3–5–4

在滚筒行进的过程中，学生找到相应形状的积木，放到滚筒内。（见图 3–5–5）

图 3–5–5

滚筒到达终点后，学生拿出滚筒内的积木，与之前抽取的卡片进行对比，说出积木与卡片的形状，教师进行检查与纠错。

拓展训练：学生可以一次记忆两种形状的卡片，找两种积木。

安全事项：

1. 要注意学生的安全，积木不可带有尖锐的棱角，尽量使用软体积木。

2. 若学生在滚筒中感觉不舒服，应马上停止，协助学生从筒内钻出来。

3. 饭后一小时内应避免进行此项游戏。

（六）过球池穿珠子

项目名称：过球池穿珠子

训练目标：

1. 感统目标：学生在穿过球池的活动中能够改善触觉敏感或迟钝的问题，对前庭系统、身体协调、固有平衡能力的发展都有很大的帮助，强化脑干部机能。学生在穿珠子的过程中能够促进精细动作的发展。

2. 认知目标：（1）学生能够认识不同颜色，并能够进行正确分辨。（2）学生能够理解数学中的分类思想，培养基本的秩序感。

适应对象：触觉敏感或迟钝、精细动作较弱、患脑瘫、有自闭症的学生。

训练重点：1. 学生单一分类能力得到锻炼。

2. 调节不正常的触觉阈限，发展前庭系统、身体协调能力。

3. 学生的精细动作得到锻炼。

训练器材：1. 海洋球池

2. 白色容器 1 个，内装有蓝、绿、黄三色珠子各 10 颗

3. 蓝、绿、黄三色容器各 1 个

4. 蓝、绿、黄三色绳子各 1 条，事先放入球池中

训练流程：

1. 热身

（1）教师简单介绍海洋球池，学生先用手接触海洋球，熟悉海洋球的感觉。

（2）学生进入球池内，进行三组蹲起运动，坐下或仰卧进行四肢划水活动。

（3）教师将一根绳子放进球池内，学生在球池里寻找绳子。

2. 认知准备

（1）教师说颜色，学生从球池中找出相应颜色的海洋球并大声说出海洋球的颜色。（见图 3–6–1）

图 3–6–1

（2）教师向学生出示蓝、绿、黄三种颜色的绳子与容器，学生把三种颜色的绳子分别放到相应颜色的容器旁。

（3）教师出示装有三种颜色珠子的白色容器，学生将所有珠子进行分类，放入对应颜色的容器内。（见图 3–6–2）

图 3–6–2

3. 正式活动

器具摆放：教师将盛有 30 颗珠子的白色容器和三色容器分别摆在球池的两个短边上，将绳子藏于球池内。

（1）学生从球池一侧的白色容器中随意拿出 5 颗珠子，穿越球池到另一侧进行颜色分类活动。（见图 3–6–3）

图 3–6–3

（2）当学生将全部珠子分类成功后，在球池中找出三根绳子，并将绳子放到相应颜色的容器旁。（见图 3–6–4）

图 3–6–4

（3）让学生站在球池中，将同一颜色的珠子穿在相应颜色的绳子上。此时教师可依学生触觉敏感程度增加淋球雨的训练。（见图 3–6–5）

图 3-6-5

拓展训练：

1. 教具：动物、植物卡片各 10 张，动物卡片中鸟类与鱼各 5 张，白板 2 块，磁扣若干。

2. 认知准备：先认卡片的名称，将白板分为植物区与动物区，要求学生进行分类。

3. 活动：学生一次拿 5 张卡片，出发前说出卡片上动物的名字，穿过球池将卡片粘贴至白板的正确位置上。

安全事项：

1. 要求学生寻找绳子时闭目或一手护眼。

2. 学生在穿越球池时要求必须跨步走，所以每一步都要走踏实，避免摔倒。

（七）海岛探险

项目名称：海岛探险

训练目标：

1. 感统目标：学生能够提高触觉感受能力和身体协调能力，增强本体感觉，稳定情绪。

2. 认知目标：学生对点数有初步的感知。

适应对象：触觉敏感或不足、情绪不稳定、身体协调不良以及有自闭症的学生。

训练重点：

1. 学生本体感的发展得到促进。

2. 学生的前庭感觉得到调节。

3. 学生身体的协调性得到增强。

训练器材：滑板、花生球、踩踏石、滚筒、万象组合

训练流程：

1. 导入：儿歌《我给海岛留下什么》

日月升起留下光明，小树长高留下一片绿荫，
我给海岛留下什么？我常常问着问着我的心。
海浪翻卷留下海滨，百花盛开留下一片温馨，
我给海岛留下什么？我常常问着问着我的心。
从小做起，从自己做起，保护家园，爱护环境。
从小做起，从自己做起，留给明天一个一个梦想。
啦啦啦啦，啦啦啦啦，啦啦啦啦，留给明天一个一个梦想。
啦啦啦啦，啦啦啦啦，啦啦啦啦，留给未来一片一片希望。
保护家园，爱护环境，从小做起，从自己做起。
留给明天一个一个梦想，啦啦啦啦，啦啦啦啦，啦啦啦啦。
留给明天一个一个梦想，啦啦啦啦，啦啦啦啦，啦啦啦啦。

2. 坐飞机去海边（刺激学生的前庭体系、头部、颈肌同时收缩，促进身体保护伸展行为的成熟）

学生俯卧在方形滑车上，头朝下，由滑梯的高处向下滑行。在向下滑时，学生要保持抬头、两臂侧平伸直的飞行姿势。滑行后，教师可以用手轻轻拍打学生的头颈处，帮助学生了解应该用力的部位，也可以用手感知学生颈部的紧张程度，同时可以帮助学生放松颈部肌肉。（见图 3–7–1）

图 3–7–1

3. 躺下休息（有效地刺激学生触觉、前庭平衡和本体感觉）

（1）学生仰卧于地垫上，双腿伸直，双臂上举。教师拿花生球置于学生小腿处，缓慢推球并上移，直至学生头部。然后用花生球轻轻拍打学生身体，让球在学生身体上弹跳，同时让学生数出拍球的次数。（见图 3–7–2）

（2）学生俯趴在花生球上，教师两手抓住学生的两脚脚踝，在花生球上做前后滚动的动作，同时让学生数出前后滚动的次数。（见图 3–7–3）

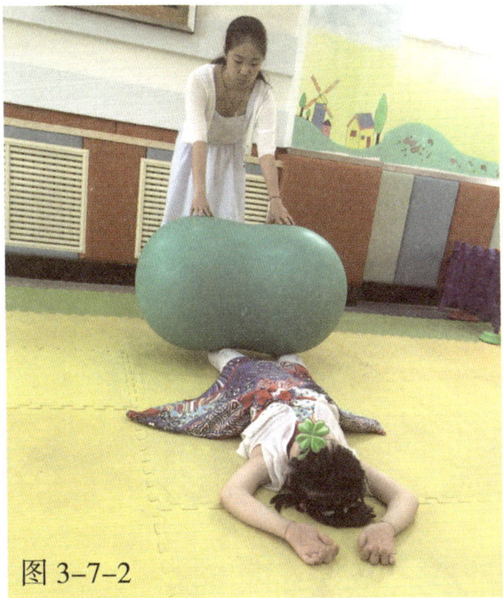
图 3–7–2

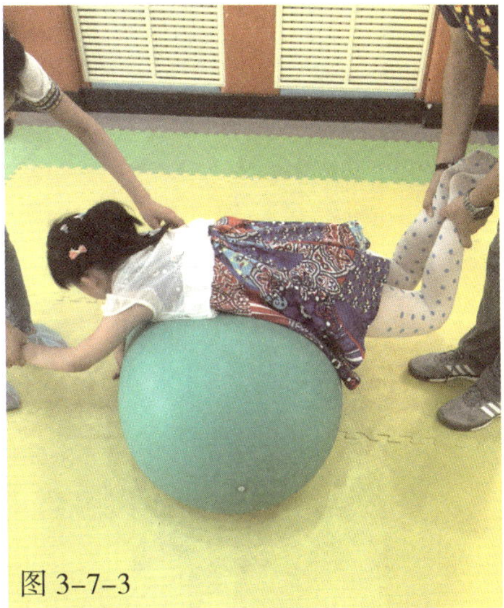
图 3–7–3

4. 过河（训练学生的单脚站立平衡和身体双侧协调能力）

将踩踏石摆成一定的路线，学生双手侧平举在上面走着过河，同时数出自己走的步数。（见图 3–7–4）

图 3–7–4

5. 划船（调节前庭感觉和触觉，引发平衡反应，运动中大量的视觉刺激、脊髓及四肢的本体感促进整体感觉统合运动功能的发展）

学生俯趴在滑板上，双脚抬起，双手撑地，用力使滑板向前移动。（见图 3–7–5）

图 3–7–5

6. 孤岛探险（刺激本体感觉和触觉，锻炼视觉能力、平衡能力、动作企划能力）

（1）钻滚筒。学生以跪爬的姿势钻过滚筒。（见图 3–7–6）

图 3–7–6

（2）学生双臂端平，在平衡触觉板上行走并逐渐加大步幅，同时与教师一同数出步数。（见图 3–7–7）

图 3-7-7

拓展训练：学生在滑板上双手撑地带动身体和滑板顺时针或逆时针旋转。

安全事项：运用花生球的训练中，注意男生要避开生殖器，女生要避开胸部。

（八）快乐星球

项目名称：快乐星球

训练目标：

1. 感统目标：学生能够改善触觉敏感或迟钝的问题，强化手眼协调，调整前庭固有感觉，增强四肢的协调性。

2. 认知目标：学生对红色、蓝色、绿色三种颜色的认识能够得到强化。

适应对象：触觉敏感或不足、情绪不稳定、身体协调不良以及有自闭症的学生。

训练重点：1. 学生对颜色的认识得到强化。

2. 学生四肢的协调性得到增强。

3. 学生的手眼协调能力得到发展。

4. 强化学生的触觉。

训练器材：海洋球、大陀螺、花生球、颗粒大龙球训练流程：

1. 热身：跟随音乐唱儿歌《快乐星球》

我用蜡笔画出彩虹，我的梦想天马行空。

到达每一个星球，搜集着快乐的梦。

风吹动许愿的风车，赶走烦恼的云朵。

我用绚烂的颜色，渲染这小小宇宙。

我住在阳光灿烂的星球，四处充满着欢笑轻松。

一起嘿哟嘿哟，我们一起加油，快乐是属于我们的歌。

2. 星球颜色对对碰（手眼协调）

球池里混合放置各种不同颜色的海洋球。球池对面的小桥上分别放置红色、绿色、蓝色的盒子。学生在三个盒子中选择自己喜欢的颜色的盒子，从球池中挑选出 5 个此颜色的海洋球，并运送到盒子中。（见图 3–8–1）

图 3–8–1

3. 星球摇晃（前庭）

（1）坐花生球

学生横坐在花生球上，双腿放在花生球同侧，身体放松，头颈保持正直、舒展，双臂自然置于体前。教师扶住学生双肩或腰部，做前后、左右摇晃的动作。

（2）骑花生球

学生骑在花生球上，身体放松，头颈保持正直、舒展，双臂自然置

于体前，双腿夹紧花生球两侧。教师扶住学生双肩或腰部，做前后、左右摇晃的动作。（见图 3-8-2）

图 3-8-2

4. 星球旋转（前庭、本体觉）

（1）自转大陀螺

学生盘腿坐在大陀螺内，双手紧握大陀螺边缘，左右摇晃大陀螺，体会不同的平衡感和重力感。（对于无法自己旋转大陀螺的学生，教师辅助其盘腿坐在大陀螺中，学生双手握紧陀螺边缘，教师在外面旋转大陀螺）（见图 3-8-3）

图 3-8-3

（2）同伴游戏

两名学生一组，一名学生坐在大陀螺中，另一名学生手握大陀螺边

缘协助旋转。（见图 3–8–4）

图 3–8–4

或一名学生自己旋转大陀螺，另一名学生向陀螺中扔球，坐在大陀螺中的学生尝试躲避球。

5. 星球放松（触觉）

（1）俯卧放松

学生俯卧在地垫上，教师将颗粒大龙球放于学生背部，前后、左右慢慢滚动，轻轻按压后背及四肢，进行放松训练。（见图 3–8–5）

图 3–8–5

（2）平躺放松

学生仰卧在地垫上，教师用颗粒大龙球轻轻按压学生身体及四肢，

前后、左右慢慢滚动，进行放松训练。（见图 3-8-6）

图 3-8-6

拓展训练：

1. 旋转大陀螺时可以两名学生合作，一起坐在陀螺内协调用力让大陀螺旋转起来。

2. 学生可以跪立或全跪在花生球上，由教师握其双手，前后、左右摇晃。

安全事项：

1. 旋转大陀螺的速度不宜过快，教师要随时注意学生的反应。

2. 若学生触觉过度敏感或惧怕颗粒大龙球，可先用小刺球按摩放松。

（九）篮球明星

项目名称：篮球明星

训练目标：

1. 感统目标：学生颈部肌肉的锻炼得到加强，手、眼、脑的协调性和反应的灵敏度得到提高，前庭感觉机能得到建立。

2. 认知目标：学生初步认识球体，了解球体的主要特征。

适应对象：身体协调不良以及有自闭症、多动症的学生。

训练重点：1. 学生的平衡能力得到加强。

2. 学生手、眼、脑的协调性得到增强。

3. 学生的前庭感觉得到改善。

4. 学生颈部肌肉的锻炼得到加强。

训练器材：推球、平衡触觉板、篮筐、篮球

训练流程：

1. 热身

播放篮球比赛的视频或歌曲，跟随音乐律动。

2. 推球练习（训练平衡感，改善触觉）

在墙边放置推球。学生俯趴在地上，双腿并拢伸直，两臂向前伸直，双手手掌外翻，指尖相对，向前方用力推球。在熟练操作推大型球的基础上，教师可以不断缩小球的体积，让学生练习推中型球，最后练习推篮球。（见图 3–9–1）

图 3–9–1

3. 传球（增强动作协调性，尤其是视觉动作的协调；改善触觉）

两人相对趴卧在地上，间距 1 米左右，双腿并拢伸直，两臂向前伸直，推球互相传递。在学生熟练传大型球的基础上，教师可以不断缩小球的体积，让学生练习传中型球，最后练习传篮球。（见图 3–9–2）

图 3–9–2

4. 运球（训练双侧肢体的整合能力，加强平衡能力和视觉动作的协调）

（1）学生先在平衡触觉板上站稳，双手侧平举，抬头挺胸，再迈步向前走。（见图 3-9-3）

图 3-9-3

（2）学生先在平衡触觉板上站稳，双手抱球于胸前，抬头挺胸，再迈步向前走。（见图 3-9-4）

图 3-9-4

（3）学生在平衡触觉板上拍球行走。

5. 投球（加强平衡能力和视觉动作的协调）

（1）学生站在篮筐下，手抓篮球，瞄准篮筐投掷。（见图 3–9–5）

图 3–9–5

（2）学生站在平衡触觉板上，双手抱球，瞄准篮筐投掷。（见图 3–9–6）

图 3–9–6

（3）学生在平衡触觉板上行走，双手抱球，边行走边瞄准篮筐，并适时进行投掷。

拓展训练：

1. 加长推球的距离，增加两人对推的难度。

2. 站立双抛球：两人各拿一个球，相对而站，同时抛出并接住对方的球。

3. 坐立双抛球：两人各拿一个球，相对而坐，同时抛出并接住对方的球。

4. 投球环节视学生的能力可增加难度，实施行走中投球。

安全事项：延伸活动只有在平衡触觉板上正常行走相当熟练的情况下才能实施，避免学生从平衡触觉板上跌落时摔倒或崴脚。

（十）勤劳的小白兔

项目名称：勤劳的小白兔

训练目标：

1. 感统目标：学生能够建立运动觉、空间知觉，提高运动企划能力，提高身体协调能力，改善语言能力。

2. 认知目标：通过语言训练，学生能够增强语言能力。

适应对象：触觉敏感或不足、身体协调不良以及有自闭症的学生。

训练重点：1. 学生的平衡能力得到提高。
2. 学生的动作协调性得到增强，尤其是视觉动作的协调。
3. 学生双侧肢体的配合能力得到增强。
4. 改善学生的触觉。
5. 学生的语言能力得到增强。

训练器材：海洋球、羊角球、S 形平衡触觉板及其附件

训练流程：

1. 热身

放《兔子舞》音乐或说儿歌“小白兔，白又白，两只耳朵竖起来。爱吃萝卜爱吃菜，蹦蹦跳跳真可爱。”学生跟随音乐律动热身。

2. 准备

教师告知学生游戏规则，并将海洋球当作萝卜，放在学生前方 4~5 米处，请学生扮小兔跳跃过来吃“萝卜”。（见图 3-10-1）

图 3-10-1

3. 小兔子蹦蹦跳（训练平衡感，改善触觉和语言能力）

（1）认识羊角球

教师向学生介绍羊角球，并请学生认真观察。经过观察，学生发现羊角球有两只角。请学生双手同时伸出食指，并放于头顶，模仿教师说“头上两只尖尖角。”

（2）坐在羊角球上

请学生坐在羊角球上，双手拇指向内抓住羊角球的两个羊角，就像坐在椅子上一样，腰背挺直，头抬高，双腿夹住羊角球。（见图 3-10-2）

图 3-10-2

（3）学生扮小兔，在上一环节的基础上，先稳坐在羊角球上，然后用力跳起来向前行进。跳的同时说“蹦蹦跳跳真可爱。”（见图 3-10-3）

图 3-10-3

（4）定点跳

在上一环节熟练跳跃的基础上，教师给出一定的位置和距离指令，请学生进行定点跳跃，如：

跳到老师面前来。（见图 3–10–4）

图 3–10–4

4. 吃“萝卜”（增强动作协调性，尤其是视觉动作的协调；改善触觉）

（1）教师在地垫上随意放置海洋球当萝卜，让学生骑羊角球跳到“萝卜”处，用手拿起“萝卜”。（见图 3–10–5）

图 3–10–5

（2）学生做出吃得很开心的样子，并说“爱吃萝卜爱吃菜。”（见图 3-10-6）

图 3-10-6

5. 小兔回家（训练双侧肢体的配合，加强平衡能力和视觉动作的协调）

（1）起步向前走：学生站在平衡触觉板上，双手侧平举，抬头挺胸。（见图 3-10-7）

图 3-10-7

（2）交替前行：学生先脚跟抵脚尖交替走，再逐渐加大步幅。（见图 3–10–8）

图 3–10–8

拓展训练：

1. 在平衡触觉板上倒退走。

2. 在平衡触觉板上做抛接球动作。

3. 在平衡触觉板上投篮。

安全事项：

1. 学生在羊角球上要坐稳、抓牢。教师在一旁注意保护学生的安全。

2. 延伸活动只有在平衡触觉板上正常行走相当熟练的情况下才能实施，避免学生从平衡触觉板上跌落时摔倒或崴脚。

（十一）秋千上数一数

项目名称：秋千上数一数

训练目标：

1. 感统目标：学生在荡秋千的活动中强化前庭感觉，发展平衡能力，促进前庭感觉和平衡反应的高度统合，促进关节、肌肉等固有感觉的发展。

2. 认知目标：学生能够分辨颜色，增强观察力，发展配对、计数等逻辑思维，初步接触数学中的排序思想。

适应对象：前庭觉较敏感、身体协调不良以及有多动症、自闭症的学生。

训练重点：

1. 学生的计数与排序能力得到锻炼。

2. 调节学生不正常的前庭阈限。

3. 学生的平衡能力得到发展 。

训练器材：秋千、“数一数”（含珠子与底座）

训练流程：

1. 活动准备

（1）教师简单介绍秋千，指导并协助学生盘腿坐在秋千上，双手紧握秋千两侧，上身用力挺直以保持平衡。教师先小幅度、低频率前后摇晃，逐渐加大幅度和频率。（见图 3–11–1）

图 3–11–1

（2）学生在教师协助下俯趴在秋千上，双腿伸直，双臂自然下垂，教师提示学生手不要触摸地面。教师握住学生小腿前后摇晃，逐渐加大幅度。（能力较强的学生可尝试双脚蹬墙独自摇晃秋千，教师在旁边进行保护）（见图 3–11–2）

图 3–11–2

2. 认知准备（学生坐在秋千上，保持秋千摇晃）

（1）教师向学生展示五种不同颜色的珠子各 1 颗，让学生说出珠子的颜色。

（2）教师向学生出示 1 颗蓝色珠子，学生数出珠子数量后收回；教师向学生出示两颗绿色珠子，学生数出珠子数量后收回；再依次出示 3 颗黄色珠子、4 颗橙色珠子以及 5 颗红色珠子。

（3）出示“数一数”教具底座，学生说出 1 是蓝色的，2 是绿色的，3 是黄色的，4 是橙色的，5 是红色的。

3. 正式活动

将教具的珠子与底座分开，珠子摆在秋千荡出时学生能够拿到的位置，教具底座摆放在秋千荡回时学生能够拿到的位置。（见图 3–11–3）

图 3–11–3

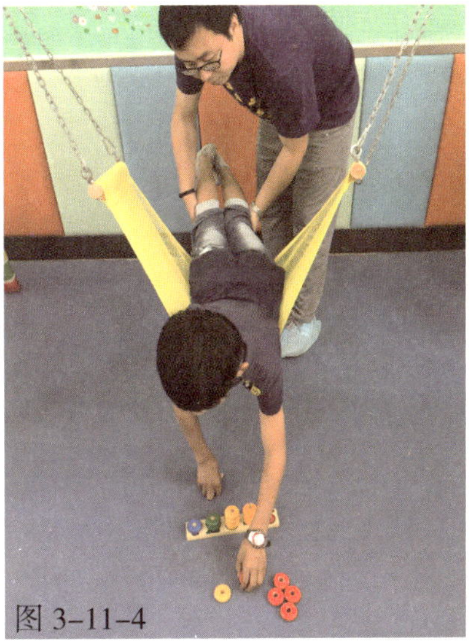
图 3–11–4

学生俯趴在秋千上，教师尝试荡秋千。将教具珠子打乱放置在学生前方，学生荡秋千拿到珠子。（见图 3–11–4）（运动力较强的学生可以自己蹬墙荡秋千，教师此时需在旁边保证学生安全）回荡秋千时，学生将拿到的一颗珠子放在自己面前，进行正确的摆放。（见图 3–11–5）

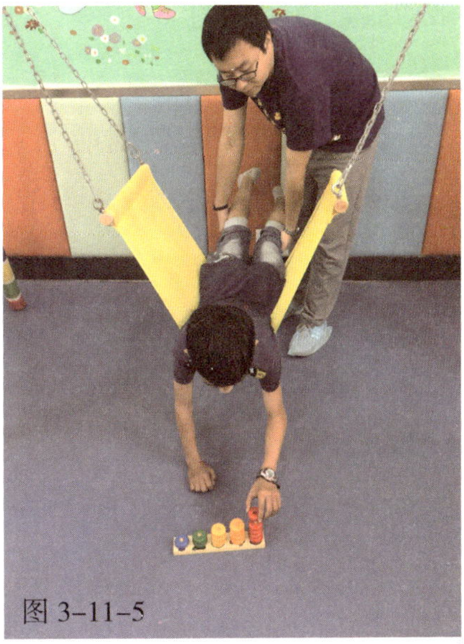
图 3–11–5

学生摆放完成后，教师对颜色分类和数量对应进行检查，若出现错误，提示学生进行修正。

拓展训练：

1. 进行数字卡片的排序

教师将数字卡片打乱顺序摆在秋千荡出时学生能够拿到的位置，第一次荡出时学生找到数字卡片“1”，秋千荡回时将卡片“1”放在左手边教师指定的起始位置，再依次摆放 2~9 的数字卡片。

2. 套杯叠塔游戏

准备一组套杯，共五只，打乱顺序横排摆在秋千荡出时学生能够拿到的位置，每一次秋千荡出学生只能拿一只套杯，荡回时进行套杯叠塔的游戏。

安全事项：要注意学生的安全，不要让学生从秋千上滑落。

（十二）认识球体

项目名称：认识球体

训练目标：

1. 感统目标：学生的动作企划能力、方向感、手眼协调能力得到增强。

2. 认知目标：学生认识球体，对球体有初步的感知，知道球体的主要特征。

适应对象：身体协调不良以及有多动症、自闭症的学生。

训练重点：

1. 学生的动作企划能力、方向感得到增强。

2. 学生的手眼协调能力得到强化。

训练器材：光盘、大龙球、小按摩球、海洋球

训练流程：

1. 热身：说儿歌《滚大球》

凳子做球门，皮球滚滚滚，

图 3-12-1

你可别顽皮，快快滚进门。

2. 请学生将光盘立起，并在光滑的平面上来回滚动，提高手眼协调能力。学生通过操作发现：光盘可以朝一个方向和与这个方向相反的方向滚动。（见图 3–12–1）

3. 学生在两手之间滚动着玩小按摩球，提高手眼协调能力。学生通过对比操作发现：球体可以向任何方向滚动。（见图 3–12–2）

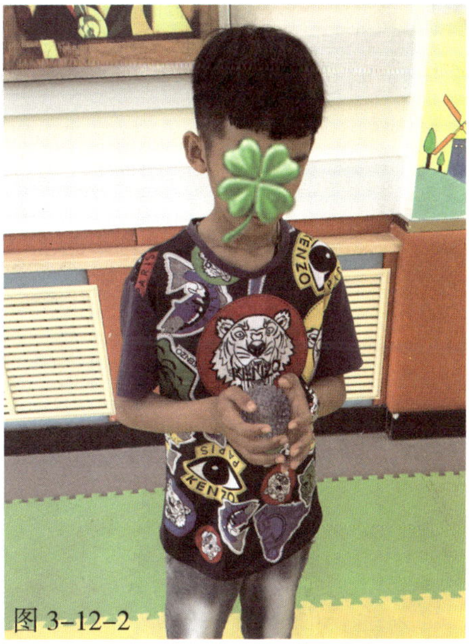

图 3–12–2

4. 请学生边跑边踢滚脚下的大龙球或海洋球，提高学生的动作企划能力和方向感。

（1）教师以极慢的速度把大龙球滚到学生脚下并示意学生把球踢回。（见图 3–12–3 和图 3–12–4）

图 3–12–3

图 3–12–4

教师可以站在学生身后，一手扶学生的身体，一手（或脚）推动学

生的脚，辅助学生出脚踢球。还可以加大球的体积，将大龙球换成大颗粒球。（见图 3-12-5）

图 3-12-5

（2）学生踢大龙球的技巧熟练后可以换成体积较小的球进行练习。通过踢球活动，学生可以发现：球能够向任何一个方向滚动。（见图 3-12-6）

图 3-12-6

5. 学生分别触摸光盘和小按摩球，提高触觉敏感性

（1）学生触摸光盘。通过触摸，学生感知到：光盘摸上去是扁平的，所以在摸的时候有一条棱。（见图 3–12–7）

图 3–12–7

（2）学生触摸小按摩球。通过触摸，学生感知到：小按摩球摸上去鼓鼓的，两只手握住球就会撑起来。（见图 3–12–8）

图 3–12–8

6. 学生从不同角度观察感知光盘和海洋球，提高手眼协调能力。

（1）学生观察手中的光盘。通过观察发现：光盘有两面是圆的。（见图 3-12-9）

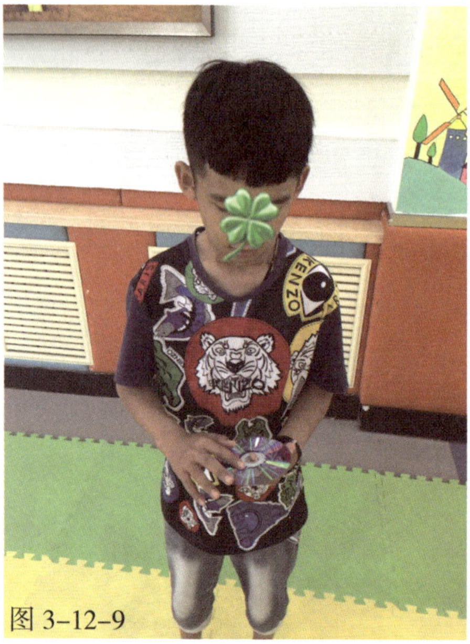

图 3-12-9

（2）学生观察手中的海洋球。通过观察发现：海洋球不管从哪一面看都是圆的。（见图 3-12-10）

图 3-12-10

最后，学生用自己的话描述球体的特点：像海洋球这样的球体可以朝任何方向滚动，摸起来鼓鼓的，不管从哪个方向看都是圆的。

拓展训练：教师和学生相隔一定距离弹接大龙球。

安全事项：学生踢、滚球时，动作幅度逐步增加，注意不要太快。教师扶住学生使其保持平衡，以免摔倒。

（十三）认识我的脚

项目名称：认识我的脚

训练目标：

1. 感统目标：提高学生对身体的认知，改善触觉敏感或迟钝，调整前庭固有感觉，感知肢体运动方式，增强肢体动作协调性。

2. 认知目标：学生能够认识自己的脚，知道脚心、脚背、脚后跟的位置，并能指出来。能够点数脚趾的数量，知道自己有十个脚趾。

适应对象：触觉敏感或不足、身体协调不良以及有自闭症、多动症的学生。

训练重点：1. 学生对脚的认知得到增强。

2. 强化学生的触觉。

3. 学生感知肢体运动方式，四肢的协调性得到增强。

4. 学生语言表达能力得到提高。

训练器材：沙包、按摩贴、平衡步道、蹦床、踩踏车

训练流程：

1. 热身：说儿歌

如果感到快乐你就拍拍手，

如果感到快乐你就跺跺脚，

如果感到快乐你就笑一笑呀，

看看我们的生活多美好。

2. 认识脚

（1）贴位置

学生把鞋和袜子脱下来，露出小脚。请学生依次将贴纸贴在脚心、

脚背、脚后跟等不同位置。准确贴到相应位置后，说一说这些部位的名称。（见图 3-13-1）

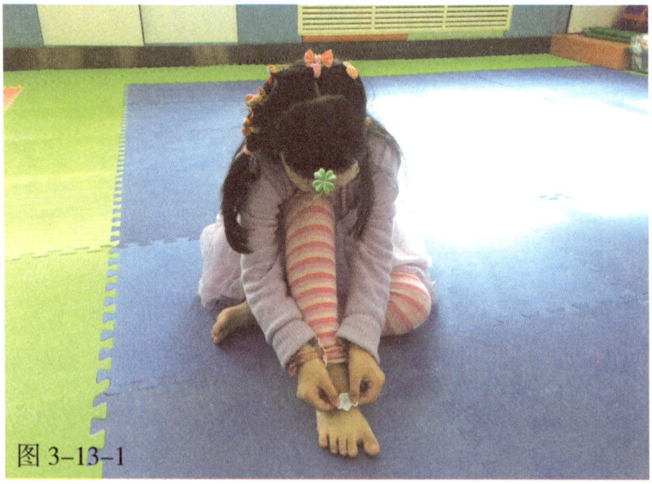

图 3-13-1

（2）数一数自己的脚趾

学生点数左脚趾：1、2、3、4、5，五个脚趾；点数右脚趾：1、2、3、4、5，五个脚趾。通过点数学生能够说出自己一共有十个脚趾。（见图 3-13-2）

图 3-13-2

3. 踩踩猜猜（触觉）

（1）踩沙包

学生戴上眼罩，在教师的引导下踩在沙包上，尝试说一说自己的感受，如果描述不出来，教师可以提示“表面是硬的还是软的”“有没有颗粒感”“物体是大的还是小的”，学生回答；可以进一步请学生猜一猜自

己脚下踩的是什么物体。（见图 3-13-3）

图 3-13-3

（2）踩平衡步道

教师引导学生踩在平衡步道上，让学生描述自己的感受，如表面是光滑的还是粗糙的，物体是大的还是小的，并进一步猜一猜自己踩的是什么物体。（见图 3-13-4）

图 3-13-4

（3）踩按摩贴

教师引导学生踩在按摩贴上，让学生描述自己的感受，如表面是光滑的还是粗糙的，有没有颗粒感，并进一步猜一猜自己踩的是什么物体。

（4）踩按摩球

教师引导学生踩在小的按摩球上，让学生描述自己的感受，如表面有没有颗粒感，物体是平的还是鼓的，和刚才踩的（按摩贴）感觉有什么不同。在描述的基础上请学生猜一猜自己踩的是什么物体。

4. 小脚蹦蹦（触觉、前庭）

在蹦床上铺一块毛巾，请学生脱下鞋袜，站在蹦床中心，向上跳跃。起跳时屈膝，脚部向下用力蹬，腾空时头颈保持正直，身体放松，脚部感受蹦床的弹力，稍稍绷直，落下时脚部继续用力下蹬，持续跳跃。（见图 3–13–5）

图 3–13–5

将毛巾换成按摩贴，继续跳跃，学生说一说在不同媒介上跳跃时脚的感受。

5. 蹬踩踏车（本体觉）

学生身体直立，手握踩踏车两边扶手，脚掌与踩踏车充分接触，一脚向下蹬的同时另一脚抬起，双脚交替向前，注意左、右脚重心的转换，使踩踏车前行至终点。（见图 3–13–6）

图 3–13–6

拓展训练：

1. 在蹦床上跳跃时可要求学生做 90 度或 180 度转体。

2. 蹬踩踏车时可以根据音乐节奏或教师拍手的节拍进行快或慢的踩踏变化。

安全事项：

1. 贴纸使用后及时回收，避免学生吞食。

2. 学生蹬踩踏车时保持场地平坦，清除障碍物，防止学生坠车摔伤。

（十四）数 3

项目名称：数 3

训练目标：

1. 感统目标：学生的协调能力和运动企划能力得到增强，本体感觉功能得到训练。

2. 认知目标：学生能够在 1、2 的基础上数出 3。

适应对象：本体感觉功能不足或缺失、身体不协调、有多动症、有自闭症、前庭感觉不佳、注意力不集中的学生。

训练重点：1. 学生的身体双侧协调能力得到增强。

2. 学生的手眼协调能力得到增强。

3. 学生的本体感觉功能得到训练。

4. 学生的运动企划能力得到提高。

训练器材：套圈、海洋球、羊角球、踩踏石、万象组合

训练流程：

1. 热身活动：说儿歌

1 像铅笔直又长，2 像鸭子水中游，3 像耳朵两道弯。

2. 点数套圈（提高学生的手眼协调能力、训练学生的本体感觉功能）

（1）点数 3 个套圈

教师向学生发放 3 个套圈，请学生利用点数的方法，在 1、2 的基础上点数出 3。（见图 3–14–1）

图 3–14–1

（2）套圈游戏

学生在教师指定的位置上站立，根据教师提出的指令，将圈套到套圈架上，一边套一边点数 1、2、3，套完 3 个圈即完成任务。（见图 3–14–2）

图 3–14–2

3. 采蘑菇（训练平衡感，改善触觉）

（1）学生坐在羊角球上，双手拇指向内抓住羊角球的两个羊角，腰部直立，头抬高，双腿微微夹住球，然后用力跳起来向前行进。（见图3–14–3）

图 3–14–3

（2）跳到“蘑菇”（红色海洋球）附近，用手采“蘑菇”，一边采“蘑菇”，一边点数 1、2、3，采到 3 个“蘑菇”则完成任务。（见图 3–14–4）

图 3–14–4

4. 过河（训练学生的单脚站立平衡和身体双侧协调能力）

教师将踩踏石摆成一定路线，学生双臂侧平举走踩踏石过河，同时请学生与教师一同点数步数。（见图 3–14–5）

图 3–14–5

5. 拾贝壳（训练学生的平衡能力）

（1）踏弧面行走

学生脚踩弧面踩踏石向前行走，走近“贝壳”（黄色海洋球）时，捡拾贝壳，一边拾贝壳一边点数 1、2、3，拾到 3 个即完成任务。（见图 3–14–6 和图 3–14–7）

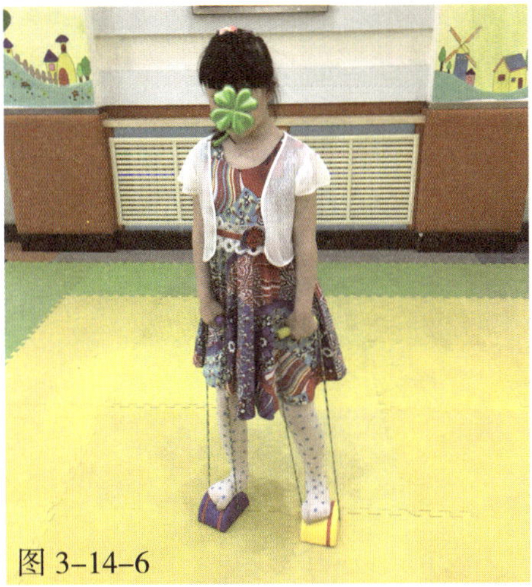

图 3–14–6

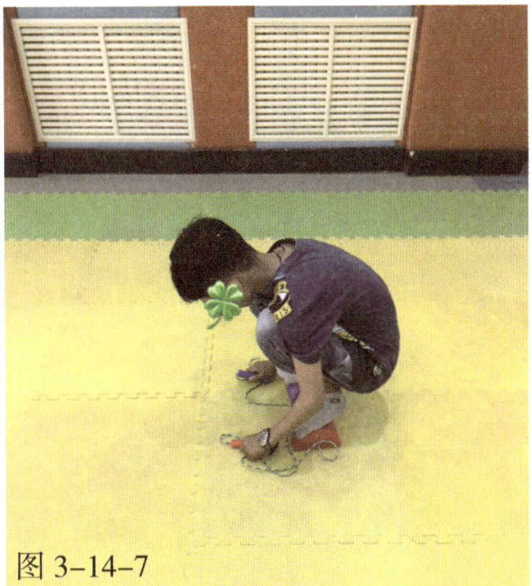

图 3–14–7

（2）踏平面行走

学生脚踩平面踩踏石向前行走，捡拾贝壳，一边拾贝壳一边点数 1、2、3，拾到 3 个即完成任务。（见图 3-14-8 和图 3-14-9）

图 3-14-8

图 3-14-9

6. 定点射门（提高学生的手眼协调能力和运动企划能力）

学生从约 1 米远的地方对准半圆球门进行定点射门练习，一边射门一边点数 1、2、3，射进 3 个球即完成任务。（见图 3-14-10）

图 3-14-10

拓展训练：

1. 定点射门：射门的距离可以逐步增加。

2. 花样走踩踏石：在熟悉踩踏石行走的基础上，可安排行程中的花样变化，如走 S 形路线拾贝壳，一边拾贝壳一边点数 1、2、3，拾到 3 个即完成任务。

安全事项：采蘑菇、拾贝壳等环节教师要扶住学生保持平衡，以免摔倒。

（十五）数字 1~5

项目名称：数字 1~5

训练目标：

1. 感统目标：通过拍手、抛接球、走平衡木、扭动身体等活动训练，学生能够强化触觉功能、前庭功能、身体协调功能。

2. 认知目标：结合感统训练，巩固数字 1 ~ 5 的学习，学生能够熟练地从 1 数到 5，能够数出 1 ~ 5 任意数字个数的物体。

适应对象：触觉敏感或不足、身体协调不良以及有多动症、自闭症的学生。

训练重点：1. 学生的前庭功能、触觉功能及身体协调功能得到强化。

2. 学生的触觉、视觉得到平衡发展。

训练器材：平衡触觉板、球池、万象组合、篮球

训练流程：

1. 热身运动

学生跟着音乐律动，随意活动身体或跟着老师做简单的肢体活动。

2. 复习数字 1~5 的儿歌

1 像铅笔直又直，

2 像小鸭水上漂，

3 像耳朵听声音，

4 像小旗迎风飘，

5 像秤钩来买菜。

（1）全体学生齐说儿歌。

（2）言语障碍的学生说儿歌，教师纠正字音。

3. 找数字（触觉训练）

（1）学生跟随教师口令，左手拍右手手背5次，右手拍左手手背5次，双手击掌5次。

（2）两名学生一组，跟随教师口令，左手击掌5次，右手击掌5次，双手击掌5次。

（3）每名学生面前放置1~5的数字贴纸，学生根据教师喊出的数字快速找到贴纸并将数字贴在自己的手背上，贴好的学生将手举高，手背朝向教师，表示完成。

4. 小帮手（触觉、视觉平衡训练）

创设情境，学生帮助体育老师准备运动会用球，根据教师指令，在红、黄、蓝、绿四种颜色的海洋球中数出指定数量和颜色的球。两人一组，一人在球池里找球，找到后扔到另一人拿的筐里，完成后两人互换位置。（见图3-15-1和图3-15-2）

图3-15-1

图3-15-2

5. 比一比，谁最快（前庭觉、本体觉训练和精细动作训练）

教师出示1~5的数字卡片，学生从起点开始通过平衡木到达指定位置，根据卡片出示的数字穿同等数量的珠子，再通过平衡木回到起点。教师检查穿珠数量是否和出示的卡片数字相同。

6. 复习数字1~5的儿歌，试着用身体摆出数字形态（本体觉训练和身体协调功能）

拓展训练：

1. 学生按照教师出示的数字套圈，出示数字几就套几个圈。（见图3–15–3）

图 3–15–3

（1）教师出示数字后，学生用左手套相应个数的圈。

（2）教师出示数字后，学生用右手套相应个数的圈。

（3）教师出示数字后，学生左右手交替套相应个数的圈。

2. 学生按照教师出示的数字拍球，出示数字几就拍几下球。（见图3–15–4）

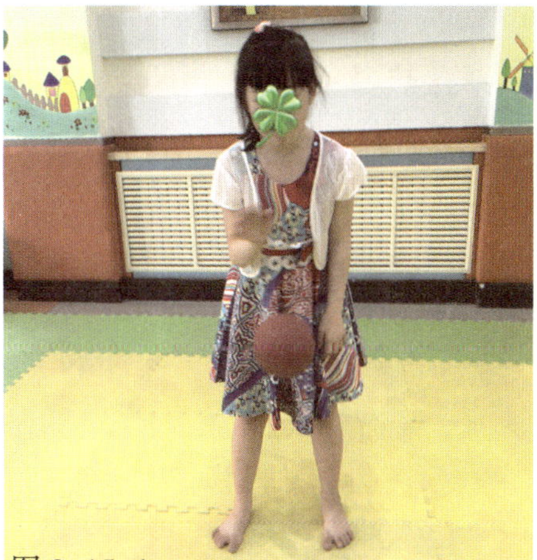

图 3–15–4

（1）教师出示数字后，学生用左手拍相应个数的球。

（2）教师出示数字后，学生用右手拍相应个数的球。

（3）教师出示数字后，学生左、右手交替拍相应个数的球。

安全事项：1. 热身活动要做充分，避免发生扭伤。

2. 练习循序渐进，速度、强度逐渐增加。

3. 教师注意辅助学生保持平衡，避免摔倒。

（十六）数字大作战

项目名称：数字大作战

训练目标：

1. 感统目标：学生能够改善触觉敏感或迟钝的问题，感知肢体运动方式，增强肢体动作协调性，增强手眼协调能力。

2. 认知目标：学生加强对十以内数字的认识。能够报数、数数、拼数字，能够按数取物。

适应对象：触觉敏感或不足、身体协调不良以及有自闭症、多动症的学生。

训练重点：1. 学生对数字的认知得到增强。

2. 学生感知肢体运动方式，四肢的协调性得到增强。

3. 强化学生的触觉。

4. 学生的手眼协调能力得到增强。

训练器材：滚筒、球池、魔力彩豆

训练流程：

1. 热身：说 1 ～ 10 数字儿歌

1 像铅笔细又长，2 像小鸭水上游，

3 像耳朵会听话，4 像小旗风中飘，

5 像鱼钩来钓鱼，6 像口哨嘟嘟叫，

7 像拐杖快快走，8 像发卡头上翘，

9 像饭勺大口吃，10 像油条加面包。

2. 报数取数（触觉、手眼协调）

（1）报数

学生抽取教师手中的数字卡片，每人抽取一张，抽到数字几就大声地说出数字几。

（2）取数

在滚筒中放置 1~10 的数字模型，学生排成一列，依次以跪爬的姿势钻过滚筒，取出与刚才所报数字一致的模型，如刚才报数 3，则在滚筒中取出数字 3 的模型。（见图 3–16–1）

图 3–16–1

根据学生数量可多次进行循环报数取数。

3. 球池投球（本体觉、手眼协调）

（1）小组投球

两名学生为一组，一人站在球池中，另一人与其面对面站在球池外。球池外的学生随意说海洋球的颜色和数量（如红球 6 个），球池内的学生按要求选择相应颜色和数量的海洋球抛到球池外学生手中的球筐中。然后两名学生互换位置。（见图 3–16–2）

图 3–16–2

（2）比赛投球

两名学生为一组，均站在球池里。教师将大陀螺放置在正对球池 2 米外的地垫上。请两名学生分别选择数量相同、颜色不同的海洋球（如红色 8 个、黄色 8 个）。当教师喊“开始”后，两名学生同时向大陀螺里投自己选择的颜色的球。球全部投完后，教师清点大陀螺中两色海洋球的数量，判定数量多的学生胜利。（见图 3–16–3）

图 3–16–3

4. 魔力彩豆拼数（小肌肉、手眼协调）

（1）独立拼数字

学生随意说出 1~10 中自己喜欢的数字，在钉板上用魔力彩豆拼出这个数字，并且说一说这个数字像什么。（如 1 像铅笔细又长，2 像小鸭水上游，3 像耳朵会听话，4 像小旗风中飘等）

（2）合作拼数字

两名学生一组，一名学生在钉板上快速拼出一个数字，另一名学生读出数字并拍手，是几就拍几下手。（见图 3–16–4）

图 3–16–4

拓展训练：

1. 球池投球时，可以一人在球池投球，另一人在球池外接球时大声报数。球池外接球的学生可以逐渐后退，拉大距离，增强投球难度，提高准确率。

2. 魔力彩豆拼数时，可以请一名学生拼数，另一名学生按照数字拍球、取海洋球、投沙包等。

安全事项：

1. 当多名学生依次钻滚筒时要提醒学生相互避让，防止踩踏。

2. 如果参加训练的学生较多，几组学生同时活动时，教师要保证活动有序进行，注意学生安全。

（十七）我是小勇士

项目名称：我是小勇士

训练目标：

1. 感统目标：学生自由接收信息的刺激，能够增加固有平衡和触觉刺激，提高身体机能平衡协调能力。

2. 认知目标：学生能够认识食物名称，并能够和文字一一对应。

适应对象： 身体协调不良以及有多动症、自闭症的学生。

训练重点： 1. 学生的前庭固有感觉得到强化。

2. 有助于学生良好自我视觉及视觉空间的形成。

3. 学生四肢的协调性得到增强。

训练器材： 滑梯、滚筒、大陀螺

训练流程：

1. 播放音乐，学生跟随音乐律动

2. 情境设计

森林里的小动物要储存过冬的粮食，可是要拿到食物会遇到很多困难，小动物们胆子都很小，想要找一位小勇士帮助它们去取食物，你能帮助它们吗？

3. 小勇士游戏

（1）将食物放在滑梯底端，学生滑下滑梯取得食物。

图 3–17–1

将滑板放在滑梯顶端的平台上，学生身体俯卧在滑板上，双手侧平举，手腕、手指尽量伸展，双腿向后伸直，尽量保持身体及四肢与滑梯平行。由教师协助轻轻推动滑板，使滑板从滑梯上自然地滑下来。如果学生对高度有恐惧，可以从较低的位置开始起滑。学生滑到底端，取得食物，并说出各种食物的名称。找到相应篮筐，认读篮筐上的文字，把食物放到相应的篮筐中。（见图 3–17–1）

图 3–17–2

（2）滚筒的一端摆放食物，学生钻过滚筒取得食物。

把滚筒平放，让学生钻进滚筒，脚和身体在内，头和手在外。教师推滚筒使之转动，适应后，学生借助自身的重量向一定方向滚动，最后爬出滚筒，取得食物，把食物放到指定的篮筐中。（见图 3–17–2）

（3）在大陀螺的周围摆放食物，完成转动后，取得食物，把食物放到指定的篮筐中。

学生坐或半跪在大陀螺中，双手抓住陀螺边缘，由教师在旁边轻轻旋转大陀螺，旋转速度由慢逐渐变快。完成后，慢慢转停大陀螺，学生保持姿势不变，伸手取食物。（见图 3–17–3）

图 3–17–3

4. 完成三个任务后，篮筐中放满了小勇士给小动物们取到的食物，返回森林把食物交给小动物们，数出每种食物的个数并进行汇报。

5. 对学生进行鼓励和表扬，增加学生的自信心和成就感。教师为学生准备食物奖励。学生说出每种食物的名称，选取自己喜欢的一种作为奖励。

拓展训练：

1. 学生坐滑滑梯，手拿小球，在下滑的同时将小球投到固定的球筐内。

2. 将滚筒口朝上立起，学生站在其中，教师双手抓住滚筒边缘摇晃。

安全事项：

1. 在学生没有钻入滚筒前，教师不要让滚筒滚动，注意学生安全。

2. 陀螺旋转的时间不宜过长，随时观察学生是否有不适反应。

3. 滑板运动时，提醒学生手臂一定要向两侧伸展，防止夹手。

（十八）小白兔白又白

项目名称：小白兔白又白

训练目标：

1. 感统目标：通过各种跳跃动作，学生能够强化前庭觉功能，加强身体协调能力和平衡能力。

2. 认知目标：结合感统康复训练，学生会唱《小白兔白又白》的歌词。

适应对象：触觉敏感或不足、身体协调不良以及有多动症、自闭症的学生。

训练重点：1. 学生的前庭觉功能得到强化。

2. 学生的身体协调能力和平衡能力得到加强。

训练器材：跳圈、羊角球、蹦床、万象组合

训练流程：

1. 热身运动：跟着音乐律动

2. 听音乐，打节奏（触觉训练）

播放《小白兔白又白》的音乐。

小白兔，白又白，两只耳朵竖起来，

爱吃萝卜爱吃菜，蹦蹦跳跳真可爱。

（1）第一遍听音乐，学生跟随节奏拍手。

（2）第二遍听音乐，学生跟随节奏拍腿。

（3）第三遍听音乐，学生跟随节奏交替拍手和腿。

3. 全体学生齐读歌词，说一说小白兔有什么特点

（1）给每名学生分发兔耳朵头饰，在感统训练室标注出“兔子家”和“萝卜地”

（2）单脚跳（身体协调能力训练、平衡能力训练）

①学生先抬起一只脚，保持单脚站立 5 秒，抬起另一只脚，保持单脚站立 5 秒，原地放松。

②进行高抬腿练习 5 次，原地放松，再进行高抬腿练习 5 次。能力较低的学生要求慢慢交替进行抬腿练习，能力较高的学生要求进行快速高抬腿练习。要充分做好准备活动，可以根据学生体能适当调整活动。

③学生抬起一只脚，向前方单腿跳跃，两腿交替练习。能力较低的学生只要求每次跳 1 ~ 2 步，能力较高的学生要求独自跳跃 1 ~ 2 米。教师注意从旁辅助，避免学生摔倒或崴脚。

（3）跳圈（身体协调能力训练、平衡能力训练）

学生用万象组合的套圈在“兔子家”和“萝卜地”之间排出路线，平放在地面上。学生排成一列纵队，依次从“兔子家”出发，跳圈前往“萝卜地”，全部完成后再跳圈返回。

教师可针对学生的能力水平，提出单脚跳或双脚跳的要求，并要求

落地时前脚掌着地。（见图 3–18–1 和图 3–18–2）

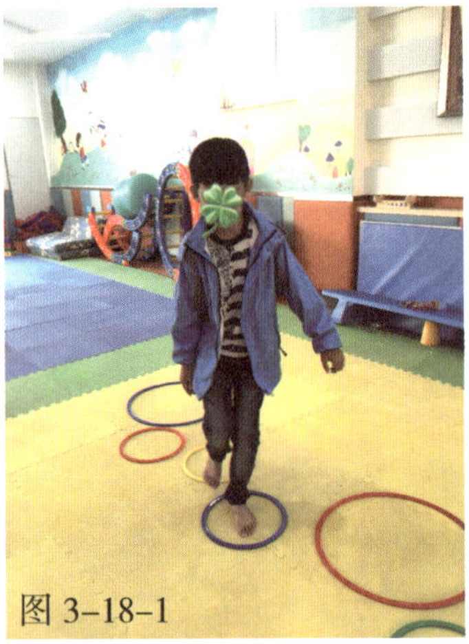
图 3–18–1

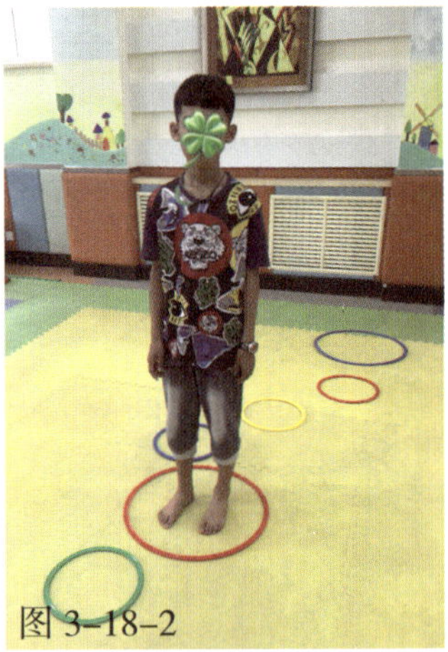
图 3–18–2

（4）骑球跳（身体协调能力训练、平衡能力训练、前庭觉训练）

①学生双手抓住羊角球，从“家”门口出发，骑坐羊角球弹跳至“萝卜地”，途中经过“河流”，学生需要从岸边固定点跳至“河流”中的“荷叶”上，再跳至对岸固定点过河，此项运动着重锻炼学生的运动企划能力。

②到达对岸继续向前，有一截树干挡住了路，学生需要骑坐羊角球跨越障碍跳。

③到达“萝卜地”，学生跳下羊角球在原地向上跳跃 5 次后，再骑坐羊角球跳着原路返回。（见图 3–18–3）

图 3–18–3

（5）天天向上（身体协调能力训练、平衡能力训练、前庭觉训练）

学生站立在蹦床中心，半蹲用力起跳，落下后再半蹲用力起跳，反复动作，连续跳起。落下后再半蹲时注意保持重心的稳定。教师注意指导能力较高的学生蹲的程度和跳起的高度。（见图 3–18–4 和图 3–18–5）

图 3–18–4

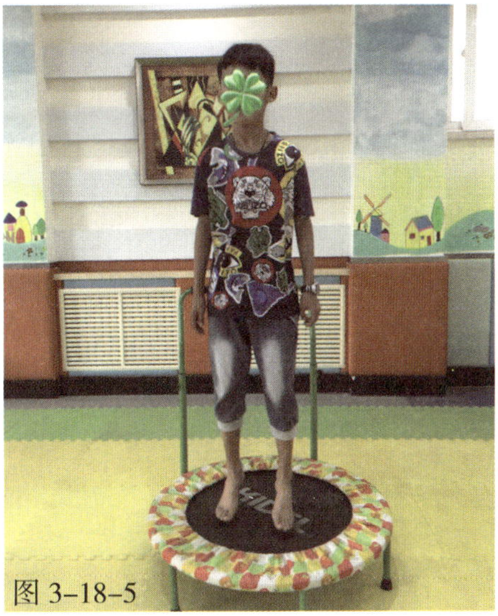

图 3–18–5

（6）复习歌词，学生拍手、拍腿打击节奏（触觉训练）

拓展训练：无

安全事项：1. 热身活动要做充分，避免扭伤。

2. 练习要循序渐进，速度、强度逐渐增加。

3. 教师注意辅助学生保持平衡，避免学生摔倒。

（十九）小动物运动会

项目名称：小动物运动会

训练目标：

1. 感统目标：学生能够提高言语呼吸能力，改善触觉敏感或迟钝，强化前庭固有感觉，增强四肢的协调性。

2. 认知目标：学生了解并能够模仿小动物的叫声，初步了解小动物的日常习性并简单模仿。

适应对象：触觉敏感或不足、身体协调不良以及有多动症、自闭症的学生。

训练重点：1. 学生的前庭固有感觉得到强化，四肢的协调性得到增强。

2. 学生的触觉功能得到提升。

3. 学生的言语呼吸能力得到提高。

训练器材：万象组合套圈、平衡触觉板、海洋球池

训练流程：

1. 热身游戏：说儿歌

小猫喵喵，小鸭嘎嘎，小狗汪汪汪。

小羊咩咩，小牛哞哞，小鸟叽叽喳。

老虎老虎哇哦哇哦，老狼老狼嗷嗷嗷。

还有那小鸡叽叽叽，还有那小鸡叽叽叽。

小动物真可爱，快来快来一起玩。

小动物真可爱，快来快来一起玩，快来快来一起玩。

2. 小鸭下水（前庭、触觉）

学生模仿小鸭的叫声，发出“嘎嘎嘎嘎”的声音。（发声时，注意保持气息和响度的均匀，持续时间尽可能长一些）

教师辅助学生站立于球池池壁上，模仿小鸭直立跳跃入池。教师站在池外，鼓励学生大胆跳跃，如遇胆小学生可轻轻助推。（见图 3-19-1）

图 3-19-1

学生进入球池后，模仿小鸭拍拍翅膀、伸伸腿的样子，先半跪在球池中，前后划动胳膊，然后以双臂支撑身体，依次抬起左腿和右腿向后蹬。（见图 3-19-2）

图 3-19-2

3. 小兔跳跳（前庭）

（1）学生双手比V形，举过头顶，模仿小兔长长的耳朵，原地双脚跳五次。

（2）提升小兔跳的难度。教师在地垫上摆好大小不同的套圈，学生双脚跳过套圈。能力较弱或不敢跳入圈内的学生，教师侧身单手扶持学生手臂协助其跳圈。

（3）能轻松双脚跳过套圈的学生，可尝试单脚跳套圈。（见图 3–19–3）

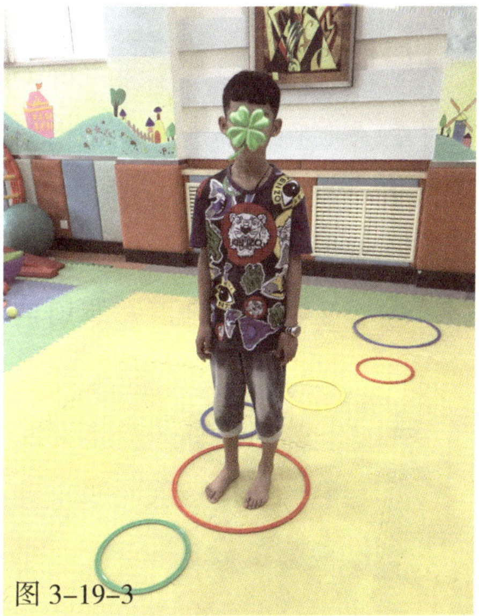

图 3–19–3

4. 小马过桥（触觉、前庭）

学生模仿小马跑步时，马蹄发出的“嘚嘚嘚嘚”的声音（发声时，注意保持气息和响度的均匀，持续时间尽可能长一些）

教师将平衡触觉板放在地垫上，学生脱下鞋袜，像勇敢的小马一样走过小桥。学生应保持身体直立，头部微屈，重心在两腿间变换，双脚交替向前行进。对于无法正常行走的学生，教师可从旁握其单手进行扶持。（见图 3–19–4）

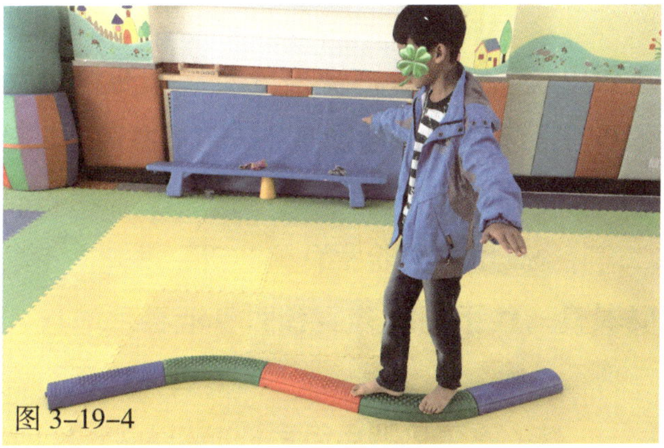

图 3–19–4

5. 颁奖仪式

为每一位参与运动会的“小动物”颁发“最佳参与奖”。

最后一起模仿小动物的叫声，说儿歌结束课程。

拓展训练：

1.球池跳跃时学生可以戴上眼罩,依照教师口令跳下或教师助推跳下。

2. 在平衡触觉板上可以多种形式行走，如踮脚尖走、高抬腿走等。

安全事项：

1. 学生跳跃入池时，应注意避免身体向后倒碰到池壁受伤。

2. 学生在平衡触觉板上进行活动时，教师要站在学生附近适时搀扶，以免学生摔倒。

（二十）小火车

项目名称：小火车

训练目标：

1. 康复目标：学生能够通过钻、爬、旋转等活动提高言语呼吸能力，改善触觉敏感或迟钝，强化前庭固有感觉，增强四肢的协调性，强化手眼协调，帮助判断身体形象。

2. 认知目标：学生知道并能模仿火车的声音，能说和火车有关的儿歌。

适应对象：触觉敏感或不足、身体协调不良、有言语障碍、有自闭症的学生。

训练重点：

1. 学生的前庭—固有感觉配合身体操作，促进前庭神经和脑干体系的活跃化，帮助全身统合的发展。

2. 学生能够判断身体形象，改善触觉敏感或迟钝。

3. 学生的手眼协调能力得到发展。

4. 学生的言语呼吸能力得到提高。

训练器材：滚筒、快乐岛动作平衡组、滑梯、滑板、毛巾、地垫、小塑胶颗粒、玩具小动物

训练流程：

1. 热身：与火车有关的儿歌

呜——呜——咔嚓咔嚓咔嚓咔嚓——

火车火车长又长，准备出发去旅行。

火车火车快快跑，经过山洞和小河。

呜——呜——咔嚓咔嚓咔嚓咔嚓——

呜——呜——咔嚓咔嚓咔嚓咔嚓——

2. 火车呜呜

（1）拟声训练

学生模仿火车的声音 u——。在发声时，注意保持气息和响度的均匀。

（2）最长声时训练

学生模仿长长的火车声，深吸气，持续发 u——音。

3. 火车进洞（触觉训练）

学生扮小火车，以跪爬姿势钻过滚筒。在滚筒内放置毛巾、地垫、小塑胶颗粒等，让学生在爬进爬出的过程中体会不同触觉刺激下的身体活动。（为缓解紧张感和害怕情绪，教师可在滚筒另一侧鼓励学生前进）（见图 3-20-1）

图 3-20-1

4. 取玩具（手眼协调）

在滚筒中放置玩具小动物或学生喜爱的物品，让其取出。（见图 3-20-2）

图 3-20-2

5. 火车加速（前庭功能训练）

学生俯卧在滑板上，以腹部为中心，面向前，两腿交叉抬起与地面垂直，头部抬高，挺胸，双手撑地用力向前滑。教师将手放在学生腰部，提示学生腰部用力。（见图 3-20-3）

图 3-20-3

6. 火车下坡（前庭功能训练）

学生取俯卧位，滑板置于学生腹部下方。面向前，两腿伸直，抬头挺胸，用双手牵拉滑梯道壁起滑，从滑梯上自然滑下。滑行期间，双臂侧平举，教师扶住学生腰部随其滑行，提供保护。（见图 3-20-4）

图 3-20-4

7. 说儿歌，结束课程

小板凳，摆成排，宝宝宝宝坐上来，宝宝宝宝坐上来。

呜呜呜，呜呜呜，我的火车跑得快，我们的火车跑得快。

拓展训练：

1. 在平地俯卧滑行时，可训练学生在滑行中听指令取物件，或让学生捡起由教师扔过来的物品。

2. 学生从滑梯上自然滑下时，捡起教师指定的物品或滚动中的物品。

安全事项：

1. 当多名学生依次钻滚筒时要提醒学生相互避让，防止踩踏。

2. 在滑道滑行前，学生先在平面练习从板上滑落的自我保护动作（抱头翻滚）。

3. 滑板滑行时手臂不可弯曲，不可持握滑板边缘，一定要向两侧伸展，防止夹手。

4. 胆小、不自信或不具备独立滑行能力的学生，教师可与其同坐滑板往下滑，教师坐在后面。

（二十一）小手爬

项目名称：小手爬

训练目标：

1. 感统目标：学生通过爬平衡步道、钻滚筒等活动强化触觉功能，提高身体协调能力和平衡能力。

2. 认知目标：结合感统康复训练，学习歌曲《小手爬》的歌词。

适应对象：触觉敏感或不足、身体协调不良以及有多动症、自闭症的学生。

训练重点：1. 学生的触觉功能得到强化。

2. 学生的身体协调能力和平衡能力得到提高。

训练器材：太极平衡板、平衡触觉板

训练流程：

1. 热身运动：跟着音乐律动

2. 听歌曲《小手爬》，拍手、拍腿打击节奏（触觉训练）

爬呀爬呀爬呀爬，一爬爬到头顶上。

爬呀爬呀爬呀爬，一爬爬到小脚丫。

爬呀爬呀爬呀爬，一爬爬到头顶上。

爬呀爬呀爬呀爬，一爬爬到小脚丫。

3. 读歌词

（1）全体学生齐读歌词。

（2）言语障碍的学生读歌词，教师纠正字音。

4. 教师询问学生：你会爬吗？你会怎样爬？

大多数学生都会双手、双腿爬，训练先从学生都熟悉的姿势开始，最后过渡到只用双手爬。

5. 平衡步道（触觉训练、身体协调能力训练、平衡能力训练）

（1）学生用双手手掌及双脚脚尖支撑在地面上，坚持 5 秒。能力较强的学生可以保持此姿势向前爬 3 ~ 5 米再回到原地。

（2）学生膝盖弯曲跪在地面上，双手手掌撑地，保持背部与地面平行，坚持 5 秒。

（3）学生保持（2）的姿势，向前爬 3 ~ 5 米，边爬边说“爬呀爬呀爬呀爬”。

（4）学生保持（2）的姿势，趴在平衡步道上，从同一起点出发，比一比谁最快爬到另一端。教师从旁辅助，防止学生跌倒，同时注意学生的表情和能力不足的地方，能否协同用力，及时做出调整。（见图 3–21–1）

图 3–21–1

6. 双手走路（触觉训练、身体协调能力训练、平衡能力训练）

（1）学生呈跪立姿势，双手撑地，小腿抬起，教师在学生身后握其双脚脚踝，保持 5 秒。能力一般的学生可以尝试双手、双膝交替前进，边爬边说“爬呀爬呀爬呀爬”。能力较高的学生可以尝试独立双手、双膝向前爬，教师仅在旁边起协助作用，保护学生。（见图 3–21–2）

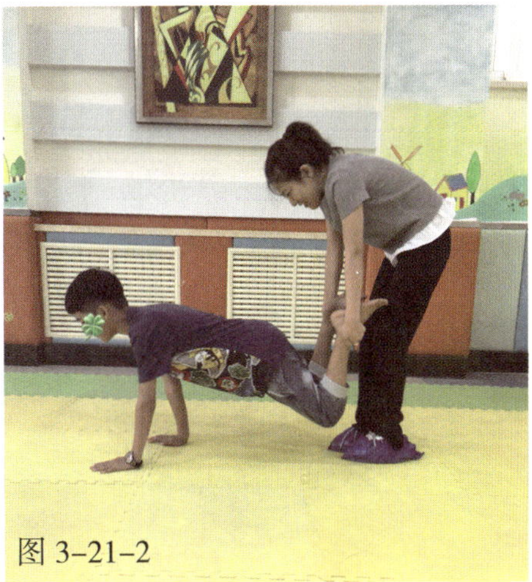

图 3–21–2

（2）学生先跪立在地上，逐渐将

双腿抬起，仅用双手支撑身体，教师在学生身后握其双脚脚踝，使其两腿伸直，坚持 5 秒。此环节着重锻炼学生上肢力量，能力较强的学生可以用双手交替前进。（见图 3–21–3）

图 3–21–3

7. 钻滚筒（触觉训练、身体协调能力训练、平衡能力训练）

学生从滚筒中爬行通过，边爬边说“爬呀爬呀爬呀爬”。教师要注意从旁边协助固定滚筒，防止挤压。（见图 3–21–4）

图 3–21–4

8. 海底探险（触觉训练、身体协调能力训练、平衡能力训练）

球池内放置大约三分之一体积的海洋球。教师事先在球池底部放置一些小件毛绒玩具，学生俯卧在球池内划动手臂，模仿蛙泳的姿势寻找“宝藏”。（见图 3–21–5）

图 3–21–5

9. 复习歌词，学生拍手打击节奏（触觉训练）。

拓展训练：无

安全事项：1. 热身活动要做充分，避免扭伤。

2. 练习要循序渐进，速度、强度逐渐增加。

3. 教师注意辅助学生保持平衡，避免摔倒。

（二十二）小兔跳跃

项目名称：小兔跳跃

训练目标：

1. 感统目标：学生通过模仿小兔的跳跃姿势，从而训练平衡感、动作协调性及触觉。

2. 认知目标：（1）学生能够点数物体个数。

（2）学生能够辨别颜色，并说出每种颜色的名称。

适应对象：有多动症、自闭症以及平衡感和协调性较差、触觉感受较弱的学生。

训练重点：

1. 训练学生双侧肢体的配合，加强平衡能力和视觉动作的协调。

2. 建立运动觉、空间知觉，提高运动企划能力。

训练器材：平衡触觉板、羊角球、蹦床

训练流程：

1. 播放《兔子舞》音乐，教师头戴兔子头饰，让学生观察教师扮演的动物，请学生随着音乐和小兔一起跳舞。学生模仿小兔，跟随音乐律动。

2. 学生装扮成小兔，并说一说小兔爱吃的食物是什么。创设情境，学生通过闯关拿取胡萝卜。

3. 准备训练

（1）学生双手抓住羊角球的两个羊角，拇指向内，坐在球上，腰挺直，头抬高，双腿夹住球，用力向上原地跳起，教师在旁辅助，以免学生失去平衡，从球上掉落。（见图 3-22-1）

图 3-22-1

（2）学生熟练原地骑跳羊角球后，让学生面向教师，向前方跳跃，跳到教师面前击掌后返回。

4. 闯关取胡萝卜

想取得胡萝卜一共要过三关，首先是跳羊角球，其次是过平衡触觉板，最后是跳蹦床。

（1）学生坐在羊角球上，身体保持直立，手抓着两个角，用力往前跳，跳到平衡触觉板前停止。

（2）学生站在平衡触觉板上，双手侧平举，挺胸抬头，双脚交替前进。（见图 3-22-2）

图 3-22-2

图 3-22-3

（3）学生先坐在蹦床上，身体上下弹动，感受蹦床的弹性。适应后，站立在蹦床上开始跳跃。开始先轻轻跳，再慢慢增加跳跃的高度（能力强的学生跳跃时小腿后屈，脚后跟踢向臀部）。学生在蹦床上跳跃的同时，教师出示不同颜色的球，让学生回答所出示球的颜色。（见图 3-22-3）

（4）等学生适应蹦跳后，教师向学生传递胡萝卜，学生接住后，慢慢停止跳跃，走下蹦床。

5.“小兔”完成挑战，成功取到胡萝卜，最后让学生用小兔跳跃的方式返回起始位置，展示收获的胡萝卜，点数胡萝卜的个数，看看一共收获了多少个胡萝卜。

拓展训练：

1. 教师准备各种颜色的球，学生在蹦床上蹦跳，适应后，教师将球抛向学生，学生接住球并说出球的颜色。

2. 将篮筐置于蹦床前方，让学生在跳跃中根据教师的指示，将球投入网中。

安全事项：

1. 教师在学生骑跳羊角球时提示其抓住羊角保持平衡，以防从羊角球上摔下。

2. 学生在蹦床抛接物时，教师应注意保护学生安全，以防学生只注意接物而忽视脚下，蹦出床外发生危险。

（二十三）小鸭子的一天

项目名称：小鸭子的一天

训练目标：

1. 感统目标：学生通过走平衡触觉板、爬行、钻圈、投球等动作强化触觉功能、前庭功能和身体协调功能。

2. 认知目标：结合感统康复训练，学习歌曲《小鸭子》的歌词。

适应对象： 触觉敏感或不足、身体协调不良以及有多动症、自闭症的学生。

训练重点： 1. 学生的前庭功能、触觉功能及身体协调功能得到强化。

2. 学生的触觉、视觉平衡得到发展。

训练器材： 平衡触觉板、万象组合、球池

训练流程：

1. 热身运动：跟着音乐律动

2. 播放歌曲《小鸭子》，学生边欣赏边跟随节拍拍手、拍腿打击节奏（触觉训练）

我们这里养了一群小鸭子，我天天早晨赶着它们到池塘里，
小鸭子见了我就嘎嘎嘎地叫，再见吧小鸭子我要上学了，
再见吧小鸭子我要上学了。我们这里养了一群小鸭子，
我放学回来赶着它们到棚里去，小鸭子见了我就嘎嘎嘎地叫，
睡觉吧小鸭子太阳下山了，睡觉吧小鸭子太阳下山了。

3. 创设情境

早上小鸭子从家出发到池塘，在池塘捕鱼、玩耍，太阳落山时从池塘回到家。学生先在平地模仿小鸭子走路。（前庭觉和本体觉训练）

4. “出门”——正走平衡触觉板（前庭觉和本体觉训练）

学生排成一列纵队在平衡触觉板上正常地两脚交替前行。教师扶住学生胳膊或按住学生双肩帮助其保持平衡。

5. 侧走平衡触觉板（前庭觉和本体觉训练）

学生排成一列横队在平衡触觉板上朝一个方向行走，始终保持一只脚在前，另一只脚跟进。教师扶住学生胳膊或按住学生双肩帮助其保持平衡。

6. 通过万象组合搭建的路线（前庭觉和本体觉训练）

教师扶住学生的腰部或腿部辅助学生进行爬行、钻圈等动作。爬行动作注意降低身体重心，用手臂、手掌、膝盖、腿部力量支撑身体。钻

圈动作避免背部、腰部、臀部抬得过高，尽量不要碰到圈。（见图 3–23–1 和图 3–23–2）

图 3–23–1

图 3–23–2

7.“跳水”（前庭觉和本体觉训练）

教师协助学生站在球池壁上，学生直立“跳水”进球池。教师可根据学生能力调整站立于球池壁的方式和“跳水”距离。（见图 3–23–3）

图 3–23–3

8.“捕鱼”（触觉和视觉平衡训练）

学生按照教师指定的颜色捡球，并将球投到距球池 2 米远的围起来的区域里。可以让学生左右手交替投球，并注意充分挥动手臂。（见图 3–23–4）

图 3-23-4

9.“玩耍”（前庭觉和本体觉训练）

学生在球池里赛跑，比一比谁能第一个从球池的一端跑到另一端。

10.“回家”（前庭觉和本体觉训练）

通过万象组合搭建的路线。教师可扶住学生的腰部或腿部辅助学生进行爬行、钻圈等动作。（见图 3-23-5 和图 3-23-6）

图 3-23-5

图 3-23-6

11. 回忆歌词，仰卧休息

拓展训练：

1. 在万象组合中增加跳跃部分。（见图 3–23–7）

图 3–23–7

2. 学生在球池中双臂夹球前进。（见图 3–23–8）

图 3–23–8

3. 学生两人一组在球池中背靠背夹球前进。

安全事项：1. 热身活动要做充分，避免扭伤。

2. 练习要循序渐进，速度、强度逐渐增加。

3. 教师注意辅助学生保持平衡，避免摔倒。

（二十四）幸福拍手歌

项目名称：幸福拍手歌

训练目标：

1. 感统目标：学生通过拍手、跳跃、走平衡触觉板等活动强化触觉功能、前庭功能和身体协调功能。

2. 认知目标：结合感统康复训练，学习歌曲《幸福拍手歌》的歌词。

适应对象：触觉敏感或不足、身体协调不良以及有多动症、自闭症的学生。

训练重点：1. 学生的前庭功能、触觉功能及身体协调功能得到增强。

2. 学生的触觉、视觉平衡得到发展。

训练器材：太极平衡板、平衡触觉板

训练流程：

1. 热身运动：跟着音乐律动

2. 听歌曲《幸福拍手歌》拍手、拍腿打击节奏（触觉训练）

如果感到幸福你就拍拍手，如果感到幸福你就拍拍手，

如果感到幸福就快快拍拍手呀，看那大家一齐拍拍手。

如果感到幸福你就跺跺脚，如果感到幸福你就跺跺脚，

如果感到幸福就快快跺跺脚呀，看那大家一齐跺跺脚。

如果感到幸福你就伸伸腰，如果感到幸福你就伸伸腰，

如果感到幸福就快快伸伸腰呀，看那大家一齐伸伸腰。

如果感到幸福你就拍拍肩，如果感到幸福你就拍拍肩，

如果感到幸福就快快拍拍肩呀，看那大家一齐拍拍肩。

3. 拍一拍（触觉训练）

（1）学生按照教师指令手掌拍手掌、手掌拍手背、手背拍手背。

（2）学生两人一组，按照教师指令互相手掌拍手掌、手掌拍手背、手背拍手背。

（3）跟随老师一起读歌词：如果感到幸福你就拍拍手，如果感到幸福你就拍拍手，如果感到幸福就快快拍拍手呀，看那大家一齐拍拍手。一边读歌词，一边做拍手动作。

4. 跳一跳（本体觉训练和触觉训练）

（1）学生原地跳跃，注意双脚同时离地，尽量保持身体竖直向上。

（2）学生站在同一起跑线上，双脚同时向前跳跃。能力较低的学生只要求分段跳，每次跳 2~3 步的距离。能力较高的学生要求一次性跳 1~2 米的距离。

（3）跟随老师一起读歌词：如果感到幸福你就跺跺脚，如果感到幸福你就跺跺脚，如果感到幸福就快快跺跺脚呀，看那大家一齐跺跺脚。一边读歌词，一边做跺脚动作。

5. 转一转（本体觉训练和前庭觉训练）

（1）学生站在太极平衡板上，教师站在地面，学生与教师分别用双手握住对方大臂，教师辅助学生保持平衡，在太极平衡板上进行运转球活动。

（2）能力较高的学生可以两人一组站在太极平衡板上，共同在图形轨道上运转球。两名学生互相扶持，教师注意从旁辅助，防止学生跌倒。（见图 3–24–1）

图 3–24–1

（3）能力较低的学生可以站在地面，教师引导学生保持下半身不动，使用腰部力量让上半身向侧、向后转动，每一侧保持 5 秒。

（4）跟随老师一起读歌词：如果感到幸福你就伸伸腰，如果感到幸福你就伸伸腰，如果感到幸福就快快伸伸腰呀，看那大家一齐伸伸腰。

一边读歌词，一边做伸腰动作。

6. 走一走（前庭觉和本体觉训练）

（1）学生在平地上排成一列纵队，后一名学生的手搭在前一名学生的肩膀上，保持一定的速度前行。

（2）学生排成一列纵队在平衡触觉板上正常地两脚交替前行，后一名学生的手搭在前一名学生的肩膀上，起到一定的互相扶持作用。教师注意从旁协助，防止学生跌倒。（见图 3-24-2）

图 3-24-2

（3）跟随老师一起读歌词：如果感到幸福你就拍拍肩，如果感到幸福你就拍拍肩，如果感到幸福就快快拍拍肩呀，看那大家一齐拍拍肩。一边读歌词，一边做拍肩动作。

7. 复习歌词，原地拍手、跺脚、伸腰、拍肩（触觉训练）

拓展训练：无

安全事项：1. 热身活动要做充分，避免扭伤。

2. 练习要循序渐进，速度、强度逐渐增加。

3. 教师注意辅助学生保持平衡，避免摔倒。

四、感觉统合课例分析

课例名称：腾空入水

【学情分析】

本节课共有两名训练对象，其中一名训练对象的名字叫小达。他出生时被诊断为脑发育不全，中度肢体运动功能障碍，表现为腿部肌张力略高。肌张力高的人在运动和静止时均表现出异常姿势，关节活动度小，尤其表现为踝及足部关节，腿部力量差，左右腿双侧用力不均，身体协调能力差。协调能力是身体运动过程中，调节与综合身体各个部分动作的能力，反映了中枢神经系统对肌肉活动的支配和调节能力。在性格方面，该学生胆子比较小，但是表现欲望强，希望获得成功体验的欲望也很强。该生在视觉动作协调能力、动作企划能力方面也存在障碍。但小达一直坚持做感觉统合训练，对常规感觉统合器械功能及使用较为熟悉。小达本学期的训练重点是腿部力量训练和前庭功能训练。腿部力量训练需要安排在每节课的起始，并穿插在各项训练环节中，同时也要注意对其腿部肌肉的放松，避免运动伤害，学生产生疲劳。前庭功能训练旨在提高学生的平衡能力以及身体各部位的综合协调能力。

另一名训练对象是小晴，她是一位唐氏综合征儿童，存在指令和动作间延迟、缓慢，认知能力和语言能力差。但是她四肢运动协调，平衡能力强。在课堂上表现欲较强，注意力比较集中，能够比较好地完成老师所提出的动作任务，且能够协助同伴完成动作。小晴本学期的训练重点是熟悉各种感觉统合训练器械，并在提升基本能力的基础上负载认知内容。在感觉统合训练的基础上，增加认知内容，有助于唤醒学生大脑网膜，提高学习知识的兴趣、学习内容的记忆力以及综合学习能力，将知识学习融入学生的日常活动中。

两名学生的共同特点：需要了解并掌握一些感觉统合器械的基本使用方法，着重提升前庭平衡能力，且在认知方面需要进一步提高。

【教材分析】

针对学生的障碍情况和认知能力发展水平，本节课定位为一节高位感觉统合功能训练。高位统合训练是在低位统合训练的内容中负载认知、言语及音乐等内容，加强大脑皮层功能区与皮层下低位神经结构、外周感知器官和运动器官的整合。本节课是在基本的感觉统合训练中跳床蹦跳和跳跃球池，训练学生的腿部力量和前庭功能的基础上，提高对颜色的认知水平。

【使用器械】

本节课使用的器械有蹦床、各色海洋球、平衡触觉板和海洋球池。

蹦床是实现垂直方向刺激前庭器官的感觉统合训练设备，儿童在蹦床上训练的体位有卧位、坐位、跪位和立位，以站立位为主。根据学生情况，本节课采取站立位训练，但其中学生小达须做好安全辅助。

各色海洋球是训练学生对红、黄、蓝、绿四色的认知，通过蹦床上的抛接球训练、球池中拾固定颜色海洋球、穿越球池放置海洋球等活动强化学生对颜色的认知。

平衡触觉板是针对学生平衡能力和触觉能力的训练，此项训练是学生的日常常规训练内容，因此在本节课只作为各环节之间的连接，不作为强化训练的内容。

海洋球池训练，海洋球池是视触觉训练非常重要的训练器械，在本节课中站立球池训练学生的平衡能力，跳入球池是针对学生的视触觉进行的训练。

【训练目标及重难点】

本节课的训练目标分为康复目标、认知目标和情感目标。

康复目标：

一是通过跳床训练增加学生的腿部肌肉力量，其中小达能够尽可能长时间地保持在蹦床上蹦跳，且身体姿势能够协调。

二是学生的前庭平衡能力得到提高，通过水平方向抛接球和垂直方向的够小鱼，以及站立球池壁，逐步增加平衡训练难度，学生控制身体的能力得到提高。

三是学生视触觉综合能力得到提高。视觉与触觉相互协调和整合能够使个体更好地认识目标的全面属性，相对于单一感觉信息而言，信息内容更加全面、丰富。

认知目标：

一是通过活动体验，帮助学生从单一颜色认知逐渐过渡到双色认知。

二是建立正确的物品配对能力。

情感目标：

一是学生能够在训练中沟通互助，在互相模仿中进一步提升技能。训练中学生的合作互动，使双方能够实时地将自己对动作操作、知识内容的理解传递给对方，并及时学习对方的长处或在对方的引导下纠正自己不规范的操作，本节课体现在训练水平高、能力较强的学生帮带操作不熟练的学生，提高训练技能。

二是通过创设“我要飞上天”和“鱼儿游”情境，在训练中激发学生的主观意愿，使学生能够自主选择训练器械，变老师要求为学生自己想。学生在完成训练项目的全过程及各个方面起主导作用，拥有较大的自主权，多凭借自己的兴趣、已获得的知识和经验完成有计划的训练活动。使学生真正变成学习训练的主人。

本节课的训练重点是学生的前庭功能训练。

本节课的训练难点是能够尽可能长时间地保持标准动作，提高对身体的控制能力。

【训练组织形式】

本节课训练形式为一加一式，即训练人员依次分别指导两名以上儿童完成相同的训练项目，这种训练形式的核心仍旧是“一对一式”，有助于儿童间的沟通、交流和互相模仿，并且多名儿童的训练环境下训练压力相对较小。训练者分为主教和助教，助教负责学生的安全保护以及实时训练表格中定量评估部分的记录。

【教学预期效果】

1. 第一阶段的跳床训练，学生腿部力量得到一定提高，学生身体协调性得到改善，学生在蹦床上尽量保持持续的蹦跳并完成相应的指令动作。通过在蹦床上水平方向的训练和垂直方向的训练，增加学生对蹦床弹性的感知，同时使学生感知外周环境的范围扩大，接受不同方向的刺激和信息，也使得学生的身体协调能力和学生对自身身体控制能力的要求达到了一个新的高度。

2. 在球池训练中，两名学生能够根据教师发出的动作指令基本控制好自己身体，站立在球池壁上。小晴可以通过重心转移的方式，慢慢站起来，而小达则通过两腿先跪立在球池上，将身体重心抬高，然后再慢慢站立。通过几次练习后，学生能够比较熟练地掌握站立球壁的方法，同时也能够提高对自己身体的控制能力，增强腿部的力量。

3. 通过跳跃球池，训练学生的跳跃能力和视触能力。小晴四肢协调，运动能力强，对教师指令的领悟能力也比较强，在这个环节的训练中，对小晴的要求是能够做出标准的跳跃动作，且跳跃距离越远越好。对于小达，则要求其能够了解并做出跳跃的动作，对跳跃距离不做硬性要求。在实际的课程训练过程中，两名学生均能够完成训练要求。

4. 对颜色的认知训练贯穿于整堂感觉统合训练课中，蹦床跳跃过程中通过基本的色卡辨识，过渡到在抛接球训练中，辨识海洋球的颜色；跳床训练之后，在海洋球池中，进行了有针对性的颜色训练，从单一颜色认知，发展到双色球认知，并着重提高学生的双色球拿球的准确率。

【教学评估】

训练前评估：

对学生的前期评估包括了对学生跳床能力、颜色认知、原地抛接球以及对球池触觉敏感性的评估。在跳床能力方面，小晴表现出比较强的稳定性和持久性，小达的稳定性和持久性较差，需要安排适当的休息，同时教师也需注意安全防护；在单一颜色认知方面，两名学生都能够较好地识别单一颜色；在原地抛接球能力方面，小晴的准确性略高，稳定性和持久性较差，但在抛接球时，小晴不需要任何提醒便能做出姿势准备，小达的准确性较低，且注意力分散较严重，动作企划能力差；球池触觉敏感性方面，两名学生均未表现出对球池大量球类挤压的过分敏感或过分迟钝。（见表 1）

表 1

姓名 / 评估内容 / 评估项目	小晴			小达		
	准确性	稳定性	持久性	准确性	稳定性	持久性
跳床能力	/	○	○	/	×	×
单一颜色认知	○	○	/	○	○	/
原地抛接球	○	×	×	×	×	×
球池触觉敏感性	/	○	○	/	○	○

训练时评估：

训练实时评估是贯穿训练活动始终的重要内容，是指当下对训练活动完成情况的评估，评估结果反映了儿童对操控训练项目的技能水平，而非学生实际的能力水平。实时评估的具体内容包括了单次训练的所有项目，评估指标可以是定性的，也可以是定量的，抑或是两者的组合。

本节课的实时评估中定量评估部分是在训练中进行的，定性评估则在训练结束时及时完成。定量评估部分由助教负责实施，定性评估部分则在训练结束后，由主训教师、助教以及学生三方协商评定，共同就训练质量做出参训双方认可的评判。

本节课的训练实时评估表，详见表 2。

表 2 训练实时评估表

<table>
<tr><th rowspan="2">评估项目</th><th rowspan="2">定量评估</th><th colspan="4">定性评估</th><th rowspan="2">定性评估评分依据</th></tr>
<tr><th>流畅性</th><th>稳定性</th><th>失误率</th><th>训练时长</th></tr>
<tr><td>蹦床轻跳</td><td></td><td></td><td></td><td></td><td></td><td rowspan="12">定量评估：根据学生训练次数进行计数（由助教完成）

定性评估：根据学生表现，表现非常好为 A，表现比较好为 B，一般为 C，比较差为 D，差为 E</td></tr>
<tr><td>蹦床用力跳</td><td></td><td></td><td></td><td></td><td></td></tr>
<tr><td>分辨色卡（红、黄、蓝、绿）</td><td></td><td></td><td></td><td></td><td></td></tr>
<tr><td>蹦床上抛接球</td><td></td><td></td><td></td><td></td><td></td></tr>
<tr><td>分辨球的颜色</td><td></td><td></td><td></td><td></td><td></td></tr>
<tr><td>蹦床跳高够小鱼</td><td></td><td></td><td></td><td></td><td></td></tr>
<tr><td>行走平衡触觉板</td><td></td><td></td><td></td><td></td><td></td></tr>
<tr><td>站立于球池边</td><td></td><td></td><td></td><td></td><td></td></tr>
<tr><td>认拿海洋球（单色）</td><td></td><td></td><td></td><td></td><td></td></tr>
<tr><td>认拿海洋球（双色）</td><td></td><td></td><td></td><td></td><td></td></tr>
<tr><td>穿越球池，匹配颜色（单色）</td><td></td><td></td><td></td><td></td><td></td></tr>
<tr><td>穿越球池，匹配颜色（双色）</td><td></td><td></td><td></td><td></td><td></td></tr>
<tr><td>备注</td><td colspan="6">定量评估打分依据：
分辨色卡：正确次数 / 总次数
跳床抛接球：接住次数 / 抛球总次数
分辨球的颜色：正确次数，记录错误颜色
蹦床跳高够小鱼：达成高度，低 / 中 / 高
行走平衡触觉板：掉落次数
站立于球池边：独自完成次数
认拿海洋球（单色）/ 认拿海洋球（双色）/ 穿越球池，匹配颜色（单色）/ 穿越球池，匹配颜色（双色）：指令色 / 认拿色
（例：教师要求拿红色，学生拿了红色，则：红 / 红
教师要求拿红色，学生拿了黄色，则：红 / 黄）</td></tr>
</table>

【课堂纪实】

一、热身部分

导入：歌曲《我相信》

师：跟老师一起动起来。

师：从同学们的动作中，老师知道你们一定也想飞得更高，和太阳肩并肩。在我们的感统室里，怎样才能飞得更高呢？想一想，讨论一下。

学生自主讨论，得出结论：到蹦床上可以跳得更高。

师：为什么选择蹦床？

生：因为蹦床有弹力，可以弹起来，蹦床本身还有高度。

师：让我们到蹦床上一起跳起来，飞起来吧！

二、技能训练

训练内容——跳床

（一）感知跳床

师：请你轻轻地在蹦床上跳跃，脚尽量贴在蹦床上，跳 3 次，感受蹦床的弹力。

学生在蹦床上轻跳 3 次。

师：现在请你用力在蹦床上跳，脚与蹦床的距离越大越好，腿、膝盖尽量伸直。

学生用力跳跃 。

（小达在用力跳跃时，助教需要在旁辅助，防止因重心不稳，腿部用力不均而摔倒。小晴在跳跃时，则需要教师进行语言提示，如：高一点、再高一点、腿部再用力）

师：慢慢停下来。想一想，怎样才能跳得更高？

学生思考。经教师提示后回答：腿和脚用力，身体配合向上提，在蹬蹦床的瞬间脚再用力一些。

师：就按照你们刚才说的，再用力跳得更高一些。

学生再次尝试跳跃。

（二）跳床水平抛接球练习

1. 色卡辨识

师：慢慢地将力度减轻，用你们觉得最舒服的力度来跳跃。

师：边跳边向前看，分辨出老师手里的色卡（红色、蓝色、黄色、绿色），边跳边说出颜色（3 遍）（红色、蓝色、黄色、绿色）

第一遍，学生辨认颜色。

（小达的肢体障碍严重，但认知水平较高，能够很好地识别颜色；小晴智力水平相对较低，对红色和黄色区分仍停留在模仿教师和同伴意见的程度，且红色和黄色发音混淆）

第二遍，学生快速辨认颜色。

师：请你快点儿说出色卡的颜色。

学生回答色卡的颜色。

第三遍，学生尽可能快地辨认。

师：请你用最快的速度说出色卡的颜色。

学生加快速度回答色卡的颜色。

（小达身体协调能力不佳，腿部力量不足，辨识色卡易分散注意力，在基础跳床项目的训练上容易导致身体控制失衡，因此需要助教辅助，同时必须要在跳床训练进行一段时间，学生表现相对比较稳定时，再增加色卡辨识的任务）

2. 抛接球训练

师：老师这有各种颜色的海洋球，现在请你把球稳稳地接住。（每名学生抛接 2 个球）

学生尝试接住球。

师：根据刚才的抛接球练习，想一想怎样才能把球接得稳稳的。

学生思考后作答：注意力集中，眼睛要看向球来的方向，做好接球的准备。（强调小达的姿势）手触碰到球的一瞬间，手部要用力。

教师指导学生如何做好接球的姿势准备（双臂端起，夹紧）以及接球瞬间的手部用力方法（教师握住学生手，两只手快速向内合拢，教师手部要用力，以提示学生的手部用力）。

师：现在开始抛接球练习，每人 10 个球。

3. 休息

师：停止蹦跳，休息一下，均匀地呼吸三次。走下蹦床，跟着老师做一做。

进行蹲起训练，缓慢蹲下，再缓慢站起来，一共进行 5 次。（小达的腿部力量不好，且在下蹲时会出现平衡不稳定的现象，因此在下蹲时，需要教师伸出一只手，给小达一个平衡稳定的外力支撑，和小达手拉手一起进行蹲起动作。在做动作时，要求动作一定要慢。如此，对腿部肌肉力量的训练能达到比较好的效果）

师：请你甩甩腿，用小手从上到下敲一敲，放松一下。

（三）跳床垂直高度训练

师：请你抬头往上看，看到了什么？

生：小鱼。

师：你能试着跳起来够一够小鱼吗？

学生尝试跳高够小鱼，但是够不到。

师：想一想怎样才能跳得再高一些够到小鱼。

生：可以站到蹦床上跳着够小鱼，这样能跳得更高。

师：试一试吧。

学生（站到蹦床上）尝试够小鱼。

（场景布置：螺旋式升高的小鱼，由低到高）

师：先去够一够离你最近的小鱼，摸三次。

学生轻轻跳跃就可以够到小鱼。

（小达在跳跃够小鱼时，会导致身体重心失衡，需要教师做好安全辅助。小达可以够到一次，小晴则要求够到三次）

师：再去试着够一够相对较高的小鱼。

（小晴可以通过用力跳跃，跳得更高一些，够到小鱼；小达则比较勉强，腿部用力，上身再向上倾斜够小鱼，这样很容易摔倒，此时不能

勉强学生）

听儿歌放松。

师：你刚才够到了什么？（小鱼）

师：小鱼是怎样游的？

鱼儿游，鱼儿游，鱼儿怎样游？摇摇尾巴摆摆头，（手势）

鱼儿游，鱼儿游，鱼儿要在哪里游？（大海、河流）

学生跟随教师一起说儿歌。

师：在我们的教室里，也有海洋，你能找一找它在哪里吗？

学生指向海洋球池。

师：我们做一条快乐的小鱼，到大海里游一游，一起出发吧！

训练内容——穿越平衡步道

师：我们一起穿过河流，游到大海去！（穿过快乐岛——平衡触觉步道，摆设成一个平衡木的状态，两边成直线状，中间两块成弯曲状）

学生脱掉袜子，在平衡触觉板上行走。

［语言提示：小晴要注意手势，像小鱼儿一样游动，手摆动起来。小达要放慢脚步，注意安全（扶住胯部），双手合十向前。此项训练对学生平衡能力的要求比较高。小达行走速度慢，可要求其第一个走，小晴跟在后面。这样有利于舒缓小达的自信心，有利于他对自身平衡的控制，而对于小晴，则可以增加平衡触觉板对其脚底的按摩时间，增强触觉刺激］

训练内容——海洋球池

1. 跃入球池

师：这是我们的海洋球池，你们想怎样进入球池呢？

学生思考，自由展示以前课程中进入球池的方法。

（如：单腿跨入球池、走楼梯入球池、坐在球池壁上转移入球池）

师：这节课我们就像鱼儿一样跳入球池。跳入要有高度，怎样才能站得高呢？

学生思考，选择尝试站立在球池壁上跳跃。

学生尝试站立，教师根据学生情况，讲解动作要领：一只脚放在球池壁上，重心移到这条腿上，然后慢慢地把另一只脚抬起来（小达可以一只脚放在球池壁上，然后慢慢地抬起另一条腿跪在球池壁上；小晴则要求按照动作要领，慢慢站立）。

学生练习站立在球池壁上。

①第一次站立，教师纠正学生上球池的姿势，重复动作要领。

第一次跳球池，对跳跃动作和跳跃距离不做要求（小晴可以独立完成跳跃，小达腿部力量不足，且惧怕腾空跳跃的冲击感，因此需要教师一只手领着辅助跳跃）。

②第二次站立，教师强调在球池壁站立的动作要领：前脚掌略微往前，勾住球池壁，双手合拢向前抬起，像小鱼儿一样。

第二次跳球池，跳的时候尽量远一些。

③第三次站立，教师要求学生更加熟练地上球池，在球池壁上站立时强调脚掌用力扒住池壁（教师手用力压住学生脚背，让学生感受如何用力），膝盖微蹲，双手向后背，跳的瞬间手臂向前甩。

第三次跳球池，跳的瞬间击打手掌花，并说出手掌花的颜色。（教师为学生在跳跃距离方面设置目标物，目测手掌花与学生跳跃站立点约 1 米，要求学生跳跃时手臂使劲向前甩，强调学生的跳跃距离。手掌花是可发音的，用声音刺激并满足学生的成就感）

④学生第四次站立于球池壁上，在球池壁上站立时强调脚掌用力扒住池壁（教师手用力压住学生脚背，让学生感受如何用力），膝盖微蹲，双手向后背，跳的瞬间手臂向前甩。

第四次跳球池，看看哪条“小鱼”跳得更远，跳入球池的时候击打老师手中的花，并说出手掌花的颜色。（教师为学生在跳跃距离方面设置目标物，目测手掌花与学生跳跃站立点约 1.5 米，要求学生跳跃时手臂使劲向前甩，强调学生的跳跃距离）

2. 球池中的颜色认知

师：在五颜六色的海洋球池里，你都能找到哪些颜色？

学生自主寻找各色的海洋球。

海洋球池里有红色、黄色、蓝色和绿色的海洋球。

①单一颜色海洋球

师：老师说颜色，你来拿球 。

学生选择相应颜色的海洋球。（小达的准确率比较高，但反应速度比较慢；小晴对于红色和黄色这两种颜色，容易混淆）

保证两名学生每种颜色都能拿对一次，教师说颜色的速度由慢到快。

②两个相同颜色的海洋球

师：请你同时拿出两个相同颜色的海洋球。

学生选择相应颜色的海洋球，两只手同时拿球，训练左、右手共同控制的能力（两名学生的反应速度较单一颜色缓慢些）。

③两个不同颜色的海洋球

师：听口令，现在请你依次拿出你听到的颜色。教师要求拿出两个不同颜色的海洋球，请学生拿取先听到的颜色，再拿取后听到的颜色。教师口令速度由慢到快。（刚开始可以先说一种颜色，待两名学生准确拿到球后，再说另一种颜色，待学生熟练后，逐渐加快口令速度，直至教师同时发出两种颜色的口令，学生能准确找出）

学生拿球。

3. 球池中往返——颜色分类

师：请小鱼儿们游到球池边，我们来按照球的颜色分分类。请你按颜色把海洋球放在窗台上对应的盘子里。

（球池壁上放置一筐各种颜色的海洋球，在球池壁长边对面放置相对应的四种颜色的器皿）

①单一颜色认知

师：请你拿一个蓝色的海洋球，放到对应的盘子里。

学生从筐中取一个蓝色的海洋球，穿越球池，放在蓝色的器皿里，再穿越球池返回到起始位置。

师：你刚才拿了什么颜色的球？打一下相同颜色的手掌花吧。

学生凭借短时记忆，击打对应颜色的手掌花。

（如此，继续训练其他各色辨别）

师：（待学生熟练辨别颜色后）请你将球夹在腋下，穿越球池，放在对应颜色的器皿里。

学生手拿球，然后将球夹在腋下，夹球一侧的手臂需要用力。穿越球池，放置后返回。

②双色认知

（1）相同颜色

师：请你拿两个绿色的海洋球，放到对应的盘子里。

学生从筐中取两个绿色的海洋球，穿越球池，放置在绿色的器皿里，再穿越球池返回到起始位置。

师：你刚才拿了什么颜色的球？打一下相同颜色的手掌花吧。

学生凭借短时记忆，击打对应颜色的手掌花。

（如此，继续训练其他各色辨别）

师：（待学生熟练辨别颜色后）请你将球夹在腋下，穿越球池，放在对应颜色的器皿里。

学生手拿球，然后将球夹在腋下，夹球时，两侧的手臂需要用力。穿越球池，放置后返回。（小达需要教师协助将球夹在两侧腋下）

（2）不同颜色

师：请你拿一个红色海洋球和一个黄色海洋球，放到对应的盘子里。

学生从筐中取一个红色海洋球和一个黄色海洋球，穿越球池，分别放在红色和黄色的盘子里，再穿越球池返回到起始位置。

师：你刚才拿了什么颜色的球？打一下相同颜色的手掌花吧。

学生凭借短时记忆，击打对应颜色的手掌花。

（如此，继续训练其他各色辨别）

师：（待学生熟练辨别颜色后）请你将球夹在腋下，穿越球池，放在对应颜色的器皿里。

学生手拿球，然后将球夹在腋下，夹球时，两侧的手臂需要用力。

穿越球池，放置后返回。（小达需要教师协助将球放置在两侧腋下）

三、放松部分

小鱼儿们快快从大海中游出来，跟着老师一起做：拍拍头，一二三，拍拍肩，一二三，拍拍胳膊，一二三，拍拍肚子，一二三，拍拍大腿，一二三，拍拍小腿，一二三，跺跺脚，一二三。

今天这节课我们一起在蹦床上跳跃，还像小鱼儿一样跳入海洋，认识了红、黄、蓝、绿四种颜色，今天这节课我们就上到这！

【课后反思】

一、反思教学过程中的“亮点”

本节课主题鲜明，运用腾空入水这个概念，将蹦床及其相关训练和跳跃球池及其相关训练有意义地整合起来，同时将颜色认知穿插在整体课程设计中，强化学生对红、黄、蓝、绿四种颜色的认识和掌握，从能说出颜色到动手操作能拿出指定颜色的物品。

能够调动学生的主动性，找准各项活动内容的切入点，使学生可以根据以往的学习经历和经验选择器械和活动内容。在各项活动进行中，学生先体验、尝试做，根据自己的现有能力完成任务，再进行反思，并在教师提醒下完成训练任务，如此可以使学生对于训练内容和形式的体验更加深刻。

二、反思教学过程中的“败笔”

1. 教学环节虽然环环相扣，但是密集的训练对于学生的基本能力有较高的要求，本节课两名训练对象，小晴可以轻松应对本节课所有的训练任务，但小达却略显吃力。尤其是最后站立球池壁这一环节，到第四次站立时，教师明显感觉到其腿部力量不足，对训练也有了略微的抵触情绪。由此可见，教师对两名学生的能力预估不足，存在一名学生“吃得不够饱”，而另一名学生“吃撑了”的情况。

2. 在整个教学过程中，没能够及时照顾每一名学生的积极性，尤其在穿越球池，分类颜色后拍击手掌花这一环节，教师本来的设计意图是为了鼓励先到达的学生，作为奖励可以拍击一次，而忽略了每一次都是能力较强的学生先到达，能力较弱的学生后到达，导致能力较弱的学生每一次都以很失望的表情看着同伴拍击手掌花。教师在此过程中处理得不恰当，只要学生能够完成任务，就应该给予一定的奖励。

3. 在具体训练环节的设计中，仍存在一些漏洞。如色卡辨识环节中，教师要求学生以最快的速度说出色卡的颜色，对学生的要求过高。因为其中一名学生腿部力量不足，色卡对视觉的刺激及大脑对颜色的辨认，一定会对他同时进行的跳床动作产生影响，轻则在跳床时产生停顿，重则会导致学生无法很好地控制自己身体而从蹦床摔下。同时在本节课行走平衡触觉板这一环节中，虽然只作为过渡环节，但仍不能忽视，也要达到一定的训练效果，应该要求学生脱袜完成训练，增加对脚底皮肤的触觉刺激，增大脚部与平衡板之间的摩擦力，使学生在平衡板上的行走更加稳定、安全。

三、反思学生学习中的“智慧之花”

教师作为孩子学习过程中的组织者、引导者和合作者，应牢牢遵循“教师为主导、孩子为主体”的教学原则。孩子作为学习的主人，是学习的主体，他们在学习的过程中，总会有“智慧的火花”出现。同时教师必须相信，即使是存在智力障碍的学生，也有自己的想法、自己的生活经历和学习经验。因此，在设计教学的过程中，必须要给学生留足充分思考和反思的时间和空间。

在本节训练课的跳床训练环节中，学生有一定的思考空间和学习时间，如何区分轻轻跳和用力跳，如何能够用力跳得更高，这是学生自己思考和自我实践的结果；抛接球训练中，如何能够准确、稳定地抓到球，是学生在思考中逐步规范自己的动作，能够做出姿势准备，控制身体稳定性，提高了手眼协调能力；在够小鱼的环节中，学生吸取了课程之前的知识经验，在自身能力无法够到小鱼的情况下，学会了自己选择，借助器械帮助自己跳得更高，这是学生在学习中的一大突破，从单纯的知识经验发展到能够自主选择，借助以往知识经验为己所用。

参考文献

[1] 李淑英，王喜军，刘迪．特殊儿童感觉统合训练理论与实践[M]．天津：天津教育出版社，2014.

[2] 王和平．特殊儿童的感觉统合训练[M]．北京：北京大学出版社，2011.

[3] 王辉．特殊儿童教育诊断与评估[M]．南京：南京大学出版社，2007.

[4] 王萍，高宏伟．家庭中的感觉统合训练[M]．北京：清华大学出版社，2011.

[5] 关松林，基础教育教学研究课题组．特殊教育学校（班）教育与教学指导[M]．北京：高等教育出版社，2014.

[6] Ayres AJ. Sensory Integration and Learning Disorders [J]. Los Angels：Western Psychological Services，1972.

[7] Ayres AJ. Improving Academic Scores Through Sensory Integration[J]. Lear Disabil, 1972.

[8] 张祖伞．学习障碍研究文献综述[J]．教育科学研究，1997.

[9] 吴汉荣，等．幼儿感觉统合失调与气质类型关系的探讨[J]．中国妇幼保健，2004.

[10] 李律，齐英，等．沈阳市3–6岁儿童感觉统合失调现状调查[J]．医学信息，2011.

[11] 赵亚茹编译．感觉统合失调及其临床意义[J]．国外医学儿科学分册，1997.

[12] 任桂英，王玉凤．儿童感觉统合治疗方法的临床疗效观察[J]．中国心理卫生杂志，1995.

[13] 刘振寰，戴淑凤．儿童发育迟缓康复训练图谱[M]．北京：北京大学医学出版社，2007.